plurall

CB078295

Parabéns!
Agora você faz parte do **Plurall**, a plataforma digital do seu livro didático!
No **Plurall**, você tem acesso gratuito aos recursos digitais deste livro por meio do seu computador, celular ou *tablet*.
Além disso, você pode contar com a nossa tutoria *on-line* sempre que surgir alguma dúvida sobre as atividades e os conteúdos deste livro.

Incrível, não é mesmo?
Venha para o **Plurall** e descubra uma nova forma de estudar!
Baixe o aplicativo do **Plurall** para Android e IOS ou acesse **www.plurall.net** e cadastre-se utilizando o seu código de acesso exclusivo:

AASJU6E2M

Este é o seu código de acesso Plurall. Cadastre-se e ative-o para ter acesso aos conteúdos relacionados a esta obra.

@plurallnet

@plurallnetoficial

SOMOS EDUCAÇÃO

William Roberto Cereja

Professor graduado em Português e Linguística e licenciado em Português pela Universidade de São Paulo (USP)
Mestre em Teoria Literária pela Universidade de São Paulo (USP)
Doutor em Linguística Aplicada e Estudos da Linguagem pela PUC-SP
Professor da rede particular de ensino em São Paulo, capital

Carolina Dias Vianna

Professora graduada e licenciada em Português pela Universidade Estadual de Campinas (Unicamp)
Mestra em Linguística Aplicada pela Universidade Estadual de Campinas (Unicamp)
Doutora em Linguística Aplicada pela Universidade Estadual de Campinas (Unicamp)
Professora das redes pública e particular de ensino nos Estados de São Paulo e Minas Gerais

Autores também de:

Português: linguagens (6º ao 9º ano)
Português contemporâneo (ensino médio)

William Cereja é autor também de:

Obras para o ensino fundamental:

Português: linguagens (1º ao 5º ano)
Gramática — Texto, reflexão e uso (6º ao 9º ano)
Gramática reflexiva (6º ao 9º ano)
Interpretação de textos (1º ao 9º ano)

Obras para o ensino médio:

Português: linguagens
Literatura brasileira
Literatura portuguesa
Gramática reflexiva
Texto e interação
Interpretação de textos

9

TODOS OS TEXTOS

Uma proposta de produção textual a partir de gêneros e projetos

6ª edição

Atual Editora

Editora Saraiva

Direção Presidência: Mario Ghio Júnior
Direção de Conteúdo e Operações: Wilson Troque
Direção editorial: Luiz Tonolli e Lidiane Vivaldini Olo
Gestão de projeto editorial: Mirian Senra
Gestão e coordenação de área: Noé G. Ribeiro
Edição: Daniella Szeko Zerbinatti, Fernanda Carvalho, Mônica Rodrigues de Lima e Paula Junqueira
Planejamento e controle de produção: Patrícia Eiras, Adjane Oliveira e Felipe Nogueira
Revisão: Hélia de Jesus Gonsaga (ger.), Kátia Scaff Marques (coord.), Rosângela Muricy (coord.), Aline Cristina Vieira, Ana Curci, Ana Paula C. Malfa, Brenda T. M. Morais, Gabriela M. Andrade, Hires Heglan, Kátia S. Lopes Godoi, Lilian M. Kumai, Luciana B. Azevedo, Luís M. Boa Nova, Luiz Gustavo Bazana, Marília Lima, Maura Loria, Patricia Cordeiro, Paula Rubia Baltazar, Paula T. de Jesus, Ricardo Miyake, Vanessa P. Santos; Amanda T. Silva e Bárbara de M. Genereze (estagiárias)
Arte: Daniela Amaral (ger.), Catherine Saori Ishihara (coord.) e Carlos Magno (edição de arte)
Diagramação: Arte Ação
Iconografia e tratamento de imagem: Sílvio Kligin (ger.), Claudia Bertolazzi (coord.), Cristina Akisino e Mariana Valeiro (pesquisa iconográfica), Cesar Wolf e Fernanda Crevin (tratamento)
Licenciamento de conteúdos de terceiros: Thiago Fontana (coord.), Ricardo Corridoni (licenciamento de textos), Erika Ramires, Luciana Pedrosa Bierbauer, Luciana Cardoso Sousa e Claudia Rodrigues (analistas adm.)
Ilustrações: Jean Galvão, Filipe Rocha e Thais Circelli
Design: Gláucia Koller (ger.), Aurélio Camilo (proj. gráfico e capa) e Erik Taketa (pós-produção)
Foto de capa: View Apart/Shutterstock, Binkski/Shutterstock, lazyllama/Shutterstock, TAVEESUK/Shutterstock, © Adão Iturrusgarai/Acervo do cartunista, Frank & Ernest, Bob Thaves © 2013 Frank & Ernest, Bob Thaves, © Fernando Gonsales/Acervo do cartunista, askmenow/Shutterstock e Irina Levitskaya/Shutterstock

Todos os direitos reservados por Saraiva Educação S.A.
Avenida das Nações Unidas, 7221, 1º andar, Setor A –
Espaço 2 – Pinheiros – SP – CEP 05425-902
SAC 0800 011 7875
www.editorasaraiva.com.br

Dados Internacionais de Catalogação na Publicação (CIP)
(Câmara Brasileira do Livro, SP, Brasil)

Cereja, William
Todos os textos 9º ano / William Cereja, Carolina Dias Vianna. - 6. ed. - São Paulo : Atual, 2019.

Suplementado pelo manual do professor.
Bibliografia.
ISBN: 978-85-5769-183-4 (aluno)
ISBN: 978-85-5769-184-1 (professor)

1. Língua portuguesa (Ensino fundamental). I. Vianna, Carolina Dias. II. Título.

2019-0097 CDD: 372.6

Julia do Nascimento - Bibliotecária - CRB-8/010142

2020
CL 800961
CAE 648263 (AL) / 648262 (PR)
6ª edição
4ª impressão
De acordo com a BNCC.

CÓPIA NÃO AUTORIZADA É CRIME
ABDR
ASSOCIAÇÃO BRASILEIRA DE DIREITOS REPROGRÁFICOS
RESPEITE O DIREITO AUTORAL

Impressão e acabamento Gráfica Elyon

Uma publicação SOMOS EDUCAÇÃO

APRESENTAÇÃO

Caro estudante:

Cada um de nós tem muitos meios para se expressar: o gesto, o olhar, a palavra... Ah, as palavras...

Pontes de comunicação com o mundo e de interação entre as pessoas, as palavras chegam até nós pela fala e pela escrita. Vêm de viva voz ou escritas em livros, jornais, revistas. Vêm por telefone, pelo correio, pelas redes sociais, por *e-mail*, pelos aplicativos de mensagens... Vêm a todo momento: em histórias de nosso povo ou de países distantes; em quadrinhos que nos divertem; em poemas que nos fazem pensar e sentir emoções talvez nunca antes experimentadas; em propagandas, em cartões, cartas e notícias.

Assim como vêm, as palavras também vão: nas cartas que respondemos, nas histórias que contamos, nas opiniões que damos sobre as pequenas e grandes coisas que nos cercam. Vão também nos textos em que convidamos, em que informamos, em que protestamos, em que reivindicamos...

Este livro traz algumas ferramentas que vão ajudá-lo a lidar com a palavra e os textos, orais e escritos, nas mais diferentes situações. Para se apropriar delas, basta que você tenha o desejo de explorar os múltiplos caminhos da linguagem e a disposição para realizar projetos, como varal de poesia e livro de histórias, declamar poemas, fazer pesquisas e entrevistas, apresentar um seminário, participar de debates, etc.

Esperamos que, com seus textos, você possa agir e interagir com outras pessoas; argumentar e persuadir; reivindicar e protestar; informar sobre o mundo que o cerca ou relatar suas vivências e sensações particulares; transmitir conhecimentos e narrar histórias; fazer seu interlocutor ler por prazer, imaginar, sonhar, se divertir, se emocionar.

Um abraço,
Os Autores.

SUMÁRIO

UNIDADE 3 O jovem no mundo de hoje 94

UNIDADE 4 Consumo consciente 138

UNIDADE 1

INTERNET EM DISCUSSÃO

A Internet, com suas múltiplas oportunidades, é um mundo cada vez mais amplo e mais rico. E é também um mundo cada vez mais povoado — a cada dia, mais pessoas têm a oportunidade de utilizá-la. Tal panorama é claramente positivo, ainda que não signifique ausência de desafios. A Internet apenas reforça a importância de uma educação de qualidade, dada pela família, pela escola e pela sociedade.

(*O Estado de S. Paulo.* Disponível em: https://opiniao.estadao.com.br/noticias/geral,a-internet-e-positiva-imp-,1663925. Acesso em: 27/8/2019.)

[...] devemos aprender a dosar o uso das novas tecnologias de comunicação para que seus benefícios possam ser aproveitados de maneira a contribuir para a real aproximação e compartilhamento entre as pessoas, com liberdade e não como escravidão e dominação.

(Tania Tait: Disponível em: https://www.gazetadopovo.com.br/opiniao/artigos/as-redes-sociais-digitais-necessidade-ou-vicio-8jnamnfke5oj65eam8x5a3d5a/. Acesso em: 27/8/2019.)

Pawel Kuczynski/Acervo do ilustrador

Fique ligado! Pesquise!

Para você saber mais de Internet e do papel da imprensa, sugerimos:

Divulgação/Grafo, Globo Filmes e Canal Brasil

Filmes

- *Ferrugem*, de Aly Muritiba. Veja no YouTube a animação *O futuro da humanidade — Escravos da tecnologia*, de Steve Cutts. Assista também aos filmes *Badgenius*, de Nattawut Poonpiriya; *Jobs*, de Joshua Michael Stern; *Steve Jobs*, de Danny Boyle; *A rede social*, de David Fincher (indicação: 13 anos); *O círculo*, de James Ponsoldt; *Amor.com*, de Anita Barbosa; *Famosos na Web*, de Michael J. Gallagher.

Livros

- *A morte da verdade*, de Michiko Kakutani (Intrínseca); *Todos contra todos*, de Leandro Karnal (Leya); *Como sair das bolhas*, de Pollyana Ferrari (Educ); *No tempo das telas — Reconfigurando a comunicação*, de Polyana Ferrari e Fábio Fernandes (Estação das Letras); *Os inovadores*, de Walter Isaacson (Companhia das Letras); *Tá gravando? E agora?*, de Kéfera Buchmann (Paralela); *Hipnotizados — O que os nossos filhos fazem na Internet e o que a Internet faz com eles*, de Brenda Fucuta (Objetiva); *Falar em público e convencer*, de Izidoro Blikstein (Contexto).

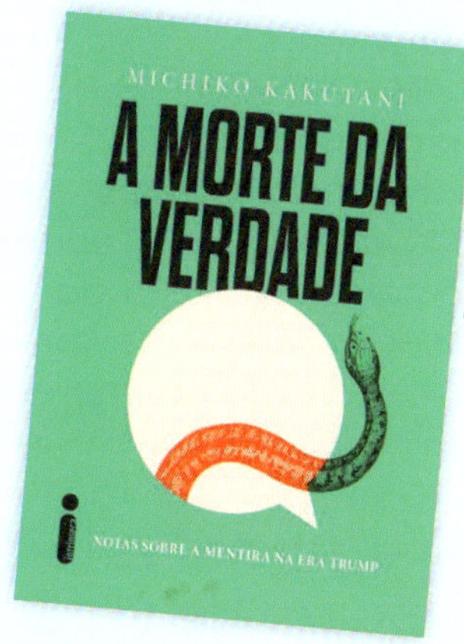

Reprodução/Editora Intrínseca

Músicas

- "Kid Vinil" e "Mamãe no Face", de Zeca Baleiro; "Tribunal do Feicebuqui", de Tom Zé; "Blues via satélite", de Graveola e O Lixo Polifônico; "Pela Internet", de Gilberto Gil.

Sites

- http://internetsegura.br/
- www.safernet.org.br
- eravirtual.org
- https://museudoamanha.org.br/pt-br/content/tour-virtual
- http://internetsegura.br/adolescentes/
- http://www.museubrasil.org

Reprodução/Som Livre

Fique ligado! Escreva!

Nesta unidade, você vai ler e também produzir textos argumentativos sobre os usos que o jovem faz da Internet e das redes sociais. Vamos começar a aquecer os motores? Escreva um parágrafo expressando sua opinião sobre o tema: **A Internet é benéfica ou prejudicial aos jovens de sua idade?**. Escolha o ponto de vista que vai adotar ao abordar o tema e apresente dois argumentos que justifiquem por que ela é benéfica ou dois argumentos que justifiquem por que é prejudicial; ou, ainda, apresente um argumento que mostre um aspecto positivo da Internet e das redes sociais e outro negativo.

De olho no gênero

Vivemos em uma sociedade bombardeada por informações e opiniões. Diferentemente do passado, quando a informação e o espaço para divulgar sua própria opinião ficavam restritos a contextos profissionais de determinadas áreas — jornalistas, economistas, sociólogos, filósofos, etc. —, hoje qualquer pessoa pode veicular informações e emitir suas opiniões nas redes sociais. Se, por um lado, o cidadão ganha canais de expressão por meio dos quais pode exercer seu direito à liberdade de expressão, por outro, o que se nota é a presença de notícias falsas (as *fake news*) e baixa qualidade nos argumentos que fundamentam as opiniões.

Por isso, nunca foi tão importante quanto nos dias de hoje saber ler os textos de uma perspectiva crítica e ter conhecimentos sobre diferentes assuntos para poder opinar de forma articulada e consistente.

Shemoto/Shutterstock

No dia combinado com o professor, traga à sala de aula jornais e revistas que contenham **artigos de opinião** assinados pelo autor e **editoriais**, textos que revelam a opinião do veículo de comunicação. Converse com o professor e a classe, trocando impressões e experiências a respeito desses gêneros.

Artigo de opinião e editorial: o ponto de vista sobre os fatos

Jornais e revistas — quer sejam impressos, quer de rádio, TV ou Internet —, além do compromisso de informar, têm o compromisso de veicular análises e opiniões sobre os fatos noticiados.

Tradicionalmente, esses veículos de comunicação procuram não misturar fato e opinião, embora, como você já estudou, não exista uma forma inteiramente neutra de contar um fato, por mais que um órgão de imprensa busque ser imparcial.

Ikon Images/Easypix Brasil

Para separar fato de opinião, os jornais estão organizados em seções e existem seções específicas para explicitar pontos de vista, sejam institucionais dos veículos de comunicação, sejam pessoais, dos profissionais que escrevem. Quando o veículo de comunicação deseja expressar o seu ponto de vista sobre um fato relevante que está ocorrendo na sociedade, publica um **editorial** (geralmente nas primeiras páginas de um jornal ou revista); quando deseja abrir espaço para que especialistas de diferentes áreas opinem sobre os fatos, isso é feito por meio de **artigos de opinião**, que são assinados e geralmente acompanhados de um pequeno currículo profissional do autor.

Para demonstrar isenção quanto às ideias defendidas pelo autor do artigo de opinião, é comum veículos de comunicação trazerem uma mensagem explicitando que o ponto de vista apresentado no texto é exclusivamente de seu autor. Além disso, alguns costumam publicar, lado a lado, dois pontos de vista diferentes e, às vezes, até contrários, sobre o tema em discussão.

Assim, o artigo de opinião e o editorial estão diretamente relacionados com a liberdade de imprensa e a liberdade de expressão, próprios de sociedades democráticas.

Artigo de opinião: um pouco de história

O jornal teve origem na Antiguidade, na Roma antiga, com a publicação da *Acta Diurna*, por iniciativa de Júlio César. A prensa móvel, inventada por Gutenberg no século XV, facilitou a produção de jornais e de outras publicações. Entretanto, somente com a Revolução Industrial, no século XVIII, foi que o jornal ganhou formato semelhante ao atual e consolidou-se como a principal fonte de informação da sociedade ocidental.

A primeira lei protegendo a liberdade de imprensa foi aprovada na Suécia, em 1756.

Com a invenção do telégrafo, em 1844, as notícias passaram a apresentar fatos recentes com muita rapidez. Nesse momento histórico, grandes grupos editoriais se formaram em todo o mundo e o jornal passou a ter um papel decisivo na formação da opinião pública.

Outros acontecimentos posteriores — como a invenção do rádio, na década de 1920, da TV, na década de 1940, e da Internet, na década de 1990 — também impactaram o jornalismo em relação ao volume e à rapidez das informações.

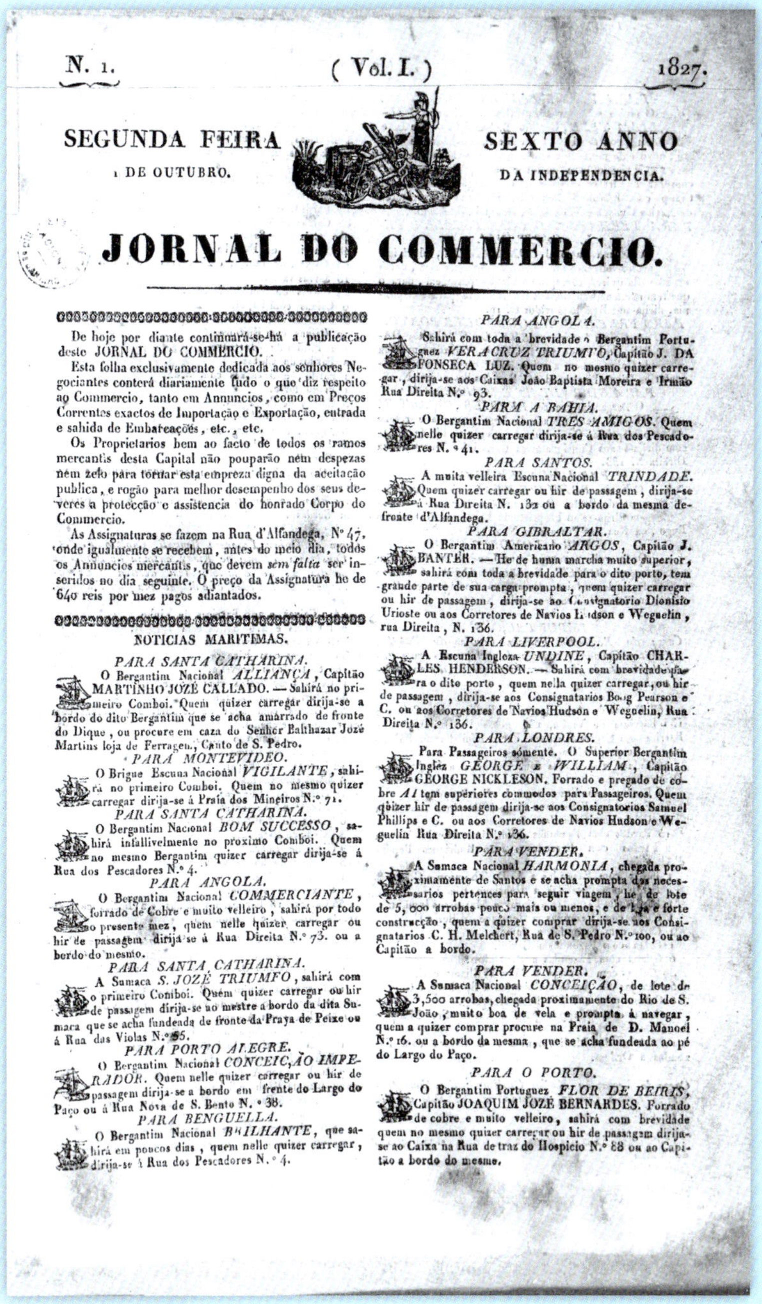

N. 1. (Vol. I.) 1827.

SEGUNDA FEIRA 1 DE OUTUBRO. SEXTO ANNO DA INDEPENDENCIA.

JORNAL DO COMMERCIO.

De hoje por diante continuará-se-há a publicação deste JORNAL DO COMMERCIO.

Esta folha exclusivamente dedicada aos senhores Negociantes conterá diariamente tudo o que diz respeito ao Commercio, tanto em Annuncios, como em Preços Correntes exactos de Importação e Exportação, entrada e sahida de Embarcações, etc., etc.

Os Proprietarios bem ao facto de todos os ramos mercantis desta Capital não pouparão nem despezas nem zelo para tornar esta empreza digna da aceitação publica, e rogão para melhor desempenho dos seus deveres a protecção e assistencia do honrado Corpo do Commercio.

As Assignaturas se fazem na Rua d'Alfandega, N° 47, onde igualmente se recebem, antes do meio dia, todos os Annuncios mercantis, que devem *sem falta* ser inseridos no dia seguinte. O preço da Assignatura he de 640 reis por mez pagos adiantados.

NOTICIAS MARITIMAS.

PARA SANTA CATHARINA.

O Bergantim Nacional *ALLIANÇA*, Capitão MARTINHO JOZÉ CALLADO. — Sahirá no primeiro Comboi. Quem quizer carregar dirija-se a bordo do dito Bergantim que se acha amarrado de fronte do Dique, ou procure em caza do Senhor Balthazar Jozé Martins loja de Ferragem, Canto de S. Pedro.

PARA MONTEVIDEO.

O Brigue Escuna Nacional *VIGILANTE*, sahirá no primeiro Comboi. Quem no mesmo quizer carregar dirija-se á Praia dos Mineiros N.° 71.

PARA SANTA CATHARINA.

O Bergantim Nacional *BOM SUCCESSO*, sahirá infallivelmente no proximo Comboi. Quem no mesmo Bergantim quizer carregar dirija-se á Rua dos Pescadores N.° 4.

PARA ANGOLA.

O Bergantim Nacional *COMMERCIANTE*, forrado de Cobre e muito velleiro, sahirá por todo o presente mez, quem nelle quizer carregar ou hir de passagem dirija se á Rua Direita N.° 73. ou a bordo do mesmo.

PARA SANTA CATHARINA.

A Sumaca *S. JOZÉ TRIUMFO*, sahirá com o primeiro Comboi. Quem quizer carregar ou hir de passagem dirija-se ao mestre a bordo da dita Sumaca que se acha fundeada de fronte da Praya de Peixe ou á Rua das Violas N.° 55.

PARA PORTO ALEGRE.

O Bergantim Nacional *CONCEIÇÃO IMPERADOR*. Quem nelle quizer carregar ou hir de passagem dirija-se a bordo em frente do Largo do Paço ou á Rua Nova de S. Bento N.° 38.

PARA BENGUELLA.

O Bergantim Nacional *BRILHANTE*, que sahirá em poucos dias, quem nelle quizer carregar, dirija-se á Rua dos Pescadores N.° 4.

PARA ANGOLA.

Sahirá com toda a brevidade o Bergantim Portuguez *VERACRUZ TRIUMFO*, Capitão J. DA FONSECA LUZ. Quem no mesmo quizer carregar, dirija-se aos Caixas João Baptista Moreira e Irmão Rua Direita N.° 93.

PARA A BAHIA.

O Bergantim Nacional *TRES AMIGOS*. Quem nelle quizer carregar dirija-se á Rua dos Pescadores N.° 41.

PARA SANTOS.

A muita velleira Escuna Nacional *TRINDADE*. Quem quizer carregar ou hir de passagem, dirija-se á Rua Direita N. 132 ou a bordo da mesma defronte d'Alfandega.

PARA GIBRALTAR.

O Bergantim Americano *ARGOS*, Capitão J. BANTER. — He de huma marcha muito superior, sahirá com toda a brevidade para o dito porto, tem grande parte de sua carga prompta, quem quizer carregar ou hir de passagem, dirija-se ao Consignatorio Dionisio Urioste ou aos Corretores de Navios Hudson e Weguelin, rua Direita, N. 136.

PARA LIVERPOOL.

A Escuna Ingleza *UNDINE*, Capitão CHARLES HENDERSON. — Sahirá com brevidade para o dito porto, quem nella quizer carregar, ou hir de passagem, dirija-se aos Consignatarios Boag Pearson e C. ou aos Corretores de Navios Hudson e Weguelin, Rua Direita N.° 136.

PARA LONDRES.

Para Passageiros sómente. O Superior Bergantim Inglez *GEORGE e WILLIAM*, Capitão GEORGE NICKLESON. Forrado e pregado de cobre *A1* tem superiores commodos para Passageiros. Quem quizer hir de passagem dirija-se aos Consignatorios Samuel Phillips e C. ou aos Corretores de Navios Hudson e Weguelin Rua Direita N.° 136.

PARA VENDER.

A Sumaca Nacional *HARMONIA*, chegada proximamente de Santos e se acha prompta dos necessarios pertences para seguir viagem, he de lote de 5,000 arrobas pouco mais ou menos, e de boa e forte construcção, quem a quizer comprar dirija-se aos Consignatarios C. H. Melchert, Rua de S. Pedro N.° 100, ou ao Capitão a bordo.

PARA VENDER.

A Sumaca Nacional *CONCEIÇÃO*, de lote de 3,500 arrobas, chegada proximamente do Rio de S. João, muito boa de vela e prompta á navegar, quem a quizer comprar procure na Praia de D. Manoel N.° 16. ou a bordo da mesma, que se acha fundeada ao pé do Largo do Paço.

PARA O PORTO.

O Bergantim Portuguez *FLOR DE BEIRIS*, Capitão JOAQUIM JOZÉ BERNARDES. Forrado de cobre e muito velleiro, sahirá com brevidade quem no mesmo quizer carregar ou hir de passagem dirija-se ao Caixa na Rua de traz do Hospicio N.° 88 ou ao Capitão a bordo do mesmo.

Arquivo Jornal do Commercio/D.A Press

Primeiro exemplar do *Jornal do Comércio*, jornal que circulou no Rio de Janeiro entre 1º de outubro de 1827 a 29 de abril de 2016.

Oficina de Criação

Projeto ▸ Discutindo o papel das redes sociais

Nesta unidade, você vai participar com os colegas da produção de um jornal especial temático: **Discutindo o papel das redes sociais**. Para compor esse jornal, você vai escrever, com seus colegas, artigos de opinião e editoriais. Todo esse material será elaborado regularmente nas aulas, ao longo desta unidade. Participe!

CAPÍTULO

1

O ARTIGO DE OPINIÃO: CONSTRUÇÃO DE ARGUMENTOS

O gênero em foco

No 6º e no 8º ano, você já estudou o artigo de opinião, observando sua estrutura geral e a conexão entre os parágrafos. Neste capítulo, vamos retomar o estudo desse gênero e aprofundar seu conhecimento sobre ele, considerando as diferentes possibilidades de construção dos argumentos que sustentam o ponto de vista do autor.

Leia este artigo de opinião:

O direito de não ser digital

Todos nós conhecemos pessoas que não possuem perfis nas redes sociais, porque colocam sua privacidade acima de tudo, o que é muito raro, principalmente em uma sociedade que não valoriza esse direito. Isso é comprovado por dados do IBGE, divulgados no ano passado: o Brasil tem 116 milhões de pessoas conectadas à internet (64,7% da população) e os brasileiros ocupam o terceiro lugar no planeta em tempo de permanência na rede, em média 9h14/dia.

Contudo, o mundo tecnológico e a cultura digital aos poucos vêm perdendo sua "aura" de o melhor dos mundos, onde tudo é público, transparente, democratizado e gratuito. Atualmente, estamos descobrindo que, sempre que utilizamos o serviço de um aplicativo sem pagar, o produto somos nós, isto é, nossos dados são coletados e processados para formar um perfil de consumo, com grande valor no mercado, sendo comercializado sem a nossa autorização.

O direito à privacidade está previsto na Constituição Federal e no art. 12 da Declaração Universal dos Direitos Humanos, que assegura: "ninguém será sujeito a interferências em sua vida privada, em sua família, em seu lar ou em sua correspondência, nem a ataques à sua honra e reputação. Todo ser humano tem direito à proteção da lei contra tais interferências ou ataques".

KARRASTOCK/Getty Images

Ora, exatamente na contramão da revolução digital, pessoas em todo o mundo estão deixando de ser adeptas irrestritas das facilidades tecnológicas, diante de seu impacto negativo sobre a sociabilidade humana, que nos lembra a importância daquela singela placa afixada em algumas lojas e cafés: "não temos wi-fi, conversem". As redes sociais vêm influindo sobre o comportamento humano, potencializando o melhor e o pior de cada um de nós, além de criar "necessidades", tal qual a de ser cada vez mais popular ou cada vez mais infeliz.

Nesse passo, o estado da Califórnia, nos Estados Unidos, é um dos poucos no território americano a enfrentar as empresas de tecnologia e estabelecer normas rígidas de privacidade para companhias digitais, proibindo a venda de dados pessoais a terceiros e coleta e comercialização de dados de crianças e adolescentes. Também propôs que as companhias paguem "dividendo de dados" para os consumidores, quando usarem suas informações.

Na vanguarda da legislação de proteção de dados está a União Europeia, por meio do GDPR — General Data Protection Regulation — que estabeleceu uma lei avançada para o setor tecnológico, que torna obrigatório o consentimento para uso de dados pessoais de europeus e impõe multas expressivas e bem pesadas de 20 milhões de euros, no caso de infrações. Em suma, considera a proteção de dados como um direito humano.

No Brasil, também caminhamos para uma regulamentação necessária, com a entrada em vigor, em 2020, da Lei Geral de Proteção de Dados (LGPD), que teve o diploma europeu como inspiração. Se nossos dados pessoais se tornaram moeda forte do universo digital, o direito à privacidade ganha ainda mais importância e devemos lutar para mantê-lo, remando contra a maré, se necessário.

Gilda Figueiredo Ferraz de Andrade, advogada e conselheira da Associação dos Advogados Trabalhistas de São Paulo (AATSP)

(Disponível em: https://politica.estadao.com.br/blogs/fausto-macedo/o-direito-de-nao-ser-digital/. Acesso em: 21/8/2019.)

1. É comum, nos artigos de opinião, o primeiro parágrafo apresentar uma introdução ou contextualização do assunto a ser tratado, situando o leitor na discussão, geralmente polêmica.

a) Qual é o contexto apresentado pela autora do artigo em estudo?

____

____

____

____

b) Esse assunto pode ser considerado polêmico porque geralmente suscita diferentes posicionamentos. Indique quais podem ser alguns desses posicionamentos.

____

____

____

c) Entre as opções a seguir, indique aquela(s) à(s) qual (quais) a autora faz referência para construir esse primeiro parágrafo.

( ) exemplo do cotidiano
( ) pequena narrativa de uma história real
( ) pesquisas científicas
( ) dados estatísticos
( ) fato ocorrido em um tempo próximo à escrita do texto

2. Você já sabe que em um artigo de opinião o autor pode utilizar diferentes recursos para construir seu ponto de vista. No artigo em estudo, a autora intercala o uso da 3ª pessoa do singular com o uso da 1ª pessoa do plural.

a) Troque ideias com seus colegas e o professor: Qual é o efeito dessa opção para a construção do ponto de vista da autora do texto e de sua relação com seus interlocutores?

b) Volte ao texto e indique a quem se referem as formas verbais na 1ª pessoa nas seguintes frases, retiradas do artigo:

- "Todos nós conhecemos pessoas"

  ___

- "o produto somos nós"

  ___

- "não temos wi-fi"

  ___

- "também caminhamos para uma regulamentação necessária"

  ___

3. No segundo parágrafo, a autora apresenta a tese defendida em seu artigo de opinião.

a) Qual é essa tese?

___

___

___

b) Troque ideias com seus colegas e o professor e explique a função da conjunção **contudo**, no início desse parágrafo.

___

___

___

c) Por quais outras conjunções de mesmo valor semântico ela poderia ser substituída, sem gerar alteração na estrutura da frase?

___

4. Nos parágrafos 3 a 7, a autora desenvolve a argumentação a fim de sustentar sua tese.

a) Releia o trecho e ordene a relação de itens a seguir, de acordo com a organização dos argumentos feita pela autora do artigo em estudo.

( ) Cita a regulamentação legal em seu país.
( ) Avalia aspectos positivos e negativos da Internet.
( ) Cita exemplos do que se tem feito em outros países.
( ) Examina a lei em um contexto amplo.

b) Tendo em vista a organização do texto apontada por você no item **a**, descreva a estratégia argumentativa utilizada pela autora. Em seguida, troque ideias com seus colegas e o professor e explique de que forma essa estratégia dá força à argumentação e ao texto em estudo.

____

____

____

____

____

____

5. Na questão anterior, você viu que, ao longo do artigo, a autora constrói sua argumentação com base em diferentes estratégias.

a) Correlacione as colunas a seguir, deduzindo a explicação de cada um dos tipos de argumento mencionados.

( ) argumento de autoridade

( ) argumento de princípio

( ) argumento por exemplificação

1. Menção a exemplos que podem ser considerados representativos da questão em debate, a fim de comprovar a confiabilidade da argumentação.
2. Citação das palavras de uma instituição, obra ou autoridade no assunto debatido, a fim de conferir maior credibilidade à argumentação.
3. Afirmação pessoal equivalente a uma constatação (baseada na lógica, na ciência, em princípios éticos, etc.) socialmente aceita como verdadeira.

b) Agora classifique os trechos a seguir, retirados do texto em estudo, com base nos tipos de argumentos descritos no item **a**.

- "dados do IBGE, divulgados no ano passado: o Brasil tem 116 milhões de pessoas conectadas à internet (64,7% da população) e os brasileiros ocupam o terceiro lugar no planeta em tempo de permanência na rede, em média 9h14/dia."

____

____

- "daquela singela placa afixada em algumas lojas e cafés: 'não temos wi-fi, conversem'"

____

____

- "estamos descobrindo que, sempre que utilizamos o serviço de um aplicativo sem pagar, o produto somos nós"

____

____

6. Explique de que forma a ideia exposta no último parágrafo retoma a tese da autora.

7. Observe o título do texto e o perfil da autora do artigo de opinião lido, descrito brevemente ao final.

a) Qual palavra do título tem o seu sentido ampliado quando relacionada à área de atuação profissional da autora? Justifique sua resposta.

Monkey Business Images/Shutterstock

b) Troque ideias com seus colegas e o professor e conclua: Qual é a relação entre o perfil da autora e os tipos de argumento que ela mais utiliza ao longo do texto?

8. Nos artigos de opinião, a linguagem empregada geralmente é direta e clara, utilizada em uma variedade urbana de prestígio, próxima à norma-padrão. Às vezes, dependendo do veículo de comunicação e do perfil do público que o autor pretende atingir, a variedade linguística pode ser menos ou mais formal. Observe a linguagem do texto lido.

a) Ela está de acordo com a norma-padrão?

b) A linguagem é predominantemente formal ou informal?

9. Reúna-se com os colegas de grupo e, com base em suas respostas anteriores, concluam: Quais são as características básicas do artigo de opinião? Para responder, leve em conta os seguintes critérios.

- finalidade do gênero:

- perfil dos interlocutores:

- suporte/veículo:

- tema:

- estrutura:

- linguagem:

Agora é a sua vez

Ao final desta unidade, você vai produzir, com seus colegas, um jornal temático sobre **As redes sociais no mundo atual**.

Neste capítulo, você leu um artigo de opinião e analisou as diferentes estratégias utilizadas pela autora para fundamentar seus argumentos e constuir uma argumentação consistente. Agora chegou a hora de você escrever o seu próprio artigo de opinião, que fará parte do jornal temático. Leia a proposta a seguir e combine com o professor a melhor forma de realizá-la.

Proposta

Você vai ler, a seguir, um painel de textos relacionados ao fenômeno das *fake news*: um cartum de Duke, um cartaz de uma campanha promovida pela Associação Nacional dos Editores de Revistas e um trecho de uma entrevista dada ao jornal gaúcho *Zero Hora* pelo professor Fábio Malini, da Universidade Federal do Espírito Santo (UFES).

© Duke/Acervo do cartunista

Reprodução/ANER - Associação Nacional de Editores de Revistas

(Disponível em: https://s3.amazonaws.com/cdn.jornalgrandebahia.com.br/2018/01/Banners-da-campanha.jpg. Acesso em: 21/8/2019.)

[Zero Hora:] O WhatsApp é o grande propagador de fake news?

[Fabio Malini:] Essa é uma hipótese sem evidências. O problema é que o WhatsApp é um dispositivo privado. Não temos evidências de como funciona. As correntes de WhatsApp são semelhantes às de e-mails. [...] Hoje, o Twitter e ainda mais o Facebook são os maiores propagadores.

Ambos trabalham com a ideia de que todos têm o direito de mentir. É só arcar com as consequências. Não dá para chegar e falar: "Você não pode publicar uma mentira". Todo cidadão pode mentir ali. No Facebook, as pessoas podem publicar o que quiserem. Se forem questionadas eticamente, o Facebook diz: "Não tenho nada a ver com isso. A pessoa que responda". Tem uma certa negligência nisso tudo, mas amparada no direito de liberdade de expressão radical. O Facebook também é protegido pelo marco civil da internet, que estabelece que, tomando as medidas cabíveis, por exemplo, remover posts, banir determinado usuário, a plataforma fez o que tinha de fazer. Isso acaba dando a ela um porto seguro. Enquanto não for acionada juridicamente por um conteúdo, não tomará providências.

Quais são as alternativas para resolver isso?

A única alternativa para que haja uma plataforma com mais qualidade de informação é que a comunidade que está presente nela denuncie.

É uma perspectiva otimista. As pessoas estão preparadas para identificar o que é falso? Não seria o caso de estudar outras medidas, como a regulação dos algoritmos?

Sem dúvida. As pessoas estão na sua bolha e não denunciam quem tem a mesma identidade que elas. Sobre a proteção de informações pessoais, sou favorável ao debate e à regulação. Sempre prestando atenção à inovação: é importante proteger os dados, mas garantindo que se alimente a inovação. Na área da saúde, por exemplo: temos um dos maiores biobancos, o da Fiocruz, que guarda todos os exames de sangue da época do zika vírus, com os dados pessoais protegidos, mas sem perder a função de nos ajudar a entender a epidemiologia. [...]

[...] Mas tem de proteger as informações das pessoas, tem de haver regras que balizem tanto as pesquisas científicas quanto as pesquisas de mercado. [...]

Existem, no Brasil, grupos organizados que fabricam fake news?

No Brasil, não há um problema realmente grande de notícias falsas, com centenas de sites. O que temos forte são as notícias distorcidas, ou o chamado caça-clique. E aí não é só em política. Há isso na saúde, na segurança, em diferentes setores.

[...]

Os maiores propagadores de conteúdos distorcidos são as pessoas com interesses escusos, em geral financeiros, ou aquelas que se sentem mais livres para ter um engajamento?

Acho que é uma composição das duas coisas, dependendo do campo. Na política, na maior parte dos casos, há ganho financeiro. O sujeito que fica horas produzindo, refazendo títulos, clipando conteúdos, enfim, ele dedica muito tempo a isso. Sem recursos financeiros, não há ideologia que faça uma pessoa ficar trabalhando tanto.

[...]

(Disponível em: https://gauchazh.clicrbs.com.br/tecnologia/noticia/2018/04/entrevista-por-tras-do-fenomeno-das-fake-news-cjfy9ul8s02a601tgmtsv6dzj.html. Acesso em: 21/3/2019.)

Quem é Fabio Malini?

Fabio Malini trabalha no Laboratório de Estudos sobre Imagem e Cibercultura (Labic), que se tornou referência nacional em estudos sobre o comportamento e o engajamento dos indivíduos em fatos de grande repercussão nas redes sociais, como os protestos de 2013 e a Copa do Mundo de 2014.

Utilize as informações que você apreendeu nos textos lidos, e outras que julgar relevantes, para fundamentar seus argumentos em um artigo de opinião no qual você discuta uma das questões a seguir:

- É possível confiar em mensagens veiculadas pelas redes sociais?
- Notícias falsas são um fenômeno exclusivo da Internet?

- *Fake news* podem causar prejuízos reais para a sociedade?
- Acompanhar redes sociais pode ser uma boa alternativa para se manter bem informado?
- WhatsApp: o grande responsável pela proliferação das *fake news*?
- É possível viver fora da rede nos dias atuais?
- É possível combater as *fake news*?

Planejamento do texto

- Antes de começar a escrever, tenha em mente qual é o seu ponto de vista sobre o tema e qual tese você pretende defender em seu texto.
- Defina se vai escrever seu texto em 1ª ou em 3ª pessoa, estando atento aos efeitos de cada opção: respectivamente, um texto mais pessoal ou mais impessoal.
- Enumere os argumentos que pretende desenvolver para sustentar sua tese e planeje como vai construir a fundamentação desses argumentos.
- Faça uso de exemplos, dados, citações que corroborem ou complementem seu ponto de vista, a fim de fundamentar sua argumentação.
- Você pode apresentar os argumentos por parágrafo, citando exemplos, fazendo comparações, indicando causas e consequências, citando o pensamento de outra pessoa, ou ainda notícias ou pesquisas publicadas em revistas e jornais, etc.
- Planeje a construção do seu texto: estabeleça relações entre as partes, a fim de que elas fiquem bem conectadas, retomando ideias já apresentadas e dando sequência à argumentação.
- Procure concluir o texto em um ou dois parágrafos. Nele(s), você pode confirmar o ponto de vista que apresentou inicialmente, fazer uma síntese das ideias, ou apresentar uma proposta ou sugestão.
- Procure adequar a linguagem do seu texto ao perfil dos leitores que pretende atingir e ao suporte em que ele vai ser veiculado.
- Dê ao texto um título que desperte a curiosidade do leitor.
- Lembre-se de que o artigo de opinião tem uma linguagem objetiva, em uma variedade próxima à norma-padrão.
- Formate o texto da forma mais adequada para publicá-lo no jornal.

Revisão e reescrita

Antes de fazer a versão final do seu texto, releia-o, observando:

- se você se posiciona claramente sobre o tema;
- se o texto apresenta uma ideia principal que resume seu ponto de vista;
- se a ideia principal é fundamentada com argumentos claros e consistentes;
- se os argumentos são bem desenvolvidos, retomados e aprofundados ao longo do texto;
- se a conclusão retoma ou confirma o ponto de vista defendido, ou se apresenta uma proposta;
- se o título dado ao texto é atraente e coerente com as ideias desenvolvidas;
- se o texto como um todo é capaz de convencer o leitor;
- se a linguagem está de acordo com uma variedade próxima à norma-padrão da língua e com um grau de formalidade adequado ao público-alvo.

CAPÍTULO 2

O ARTIGO DE OPINIÃO: RESSALVAS E CONTRA-ARGUMENTAÇÃO

O gênero em foco

Você vai ler, a seguir, dois textos de opinião com diferentes pontos de vista sobre uma resolução legal que cria normas para médicos brasileiros atenderem seus pacientes *on-line*, prática denominada **telemedicina**.

Texto 1

Recentemente, o Conselho Federal de Medicina (CFM) surpreendeu ao divulgar a resolução nº 2.227/18, que trata de diretrizes sobre a telemedicina no Brasil. De acordo com essas novas normas, "os médicos brasileiros poderão realizar consultas online, assim como telecirurgias e telediagnósticos, entre outras formas de atendimento".

Para os conselheiros do CFM, entre os benefícios da nova medida está a possibilidade de "levar saúde de qualidade a cidades do interior do Brasil, que nem sempre conseguem atrair médicos", além de supostamente beneficiar grandes centros, ao reduzir o estrangulamento no sistema convencional causado pela grande demanda.

Focado na categoria mais vulnerável da população, que já carece de tantos serviços básicos para "sobreviver", o texto propõe, entre outras atividades à distância, que cidadãos moradores de áreas isoladas ou regiões sem a presença do médico tenham acesso a um atendimento via celular ou computador.

Reflitamos: considerando o simples fato de que uma teleconsulta pode gerar inúmeros problemas, tanto para médicos como para pacientes — seja por diagnósticos equivocados ou vazamento de informações confidenciais, entre tantas consequências negativas —, é preciso uma estrutura tecnológica impecável para pôr em prática tal proposta.

Asiseeit/Getty Images

Onde ainda reinam antenas parabólicas, espera-se a disponibilidade de tablets e telefones celulares de última geração?

Pesquisa do IBGE de 2018 revelou que 1) só 43,6% das pessoas com nenhum grau de escolaridade possuíam um aparelho móvel em 2016; e 2) entre pessoas com mais de 60 anos, o índice de uso de aparelhos celulares chegava a apenas 60,9%, devido ao grau de dificuldade que esta faixa da população tem para lidar com tecnologia.

Além disso, há que se considerar que em diversos municípios o acesso à internet ainda é precário. As populações mais distantes e mais necessitadas nem sequer possuem um celular em casa, que dirá um smartphone com internet de boa qualidade!

É preciso analisar a saúde do país sob um ângulo mais amplo e atento às discrepantes realidades locais. A tecnologia tem revolucionado a existência humana, em todas as áreas, e não poderia ser diferente na medicina e na saúde. Mas estas requerem cuidados especiais, dadas as suas peculiaridades, e uma estrutura de trabalho compatível.

As novas gerações de médicos precisam estar preparadas para atender melhor seus pacientes, com diagnósticos cada vez mais precisos e terapias específicas, e esses são fruto de uma boa anamnese, do cuidadoso exame físico, da indicação da conduta correta e de um acompanhamento evolutivo.

A proposta do CFM surge mais como uma pretensa cura para uma área que, há décadas, agoniza em nosso país: a saúde. Se atentarmos à proposta, ela agirá como um placebo e poderá causar danos irreversíveis, além de onerar o sistema público com intervenções mais complexas e decorrentes de diagnósticos equivocados, por exemplo.

A saúde brasileira está doente. Ao observarmos propostas como essa, explicitada pela resolução 2.227/18, corremos o sério risco de deixarmos de contribuir com a missão que nos cabe: lutar por condições dignas de trabalho e cuidar, com responsabilidade, do ser humano. Por isso, antes de falarmos em consultas virtuais ou definirmos "áreas remotas", precisamos olhar nossos hospitais, nossos médicos e outras demandas sociais basais.

placebo: preparação não farmacológica, que substitui um medicamento, com a finalidade de gerar resultados de natureza psicológica no paciente.

Mario Jorge Tsuchiya

Presidente do Cremesp (Conselho Regional de Medicina do Estado de São Paulo)

(Disponível em: https://www1.folha.uol.com.br/opiniao/2019/02/a-resolucao-do-cfm-sobre-telemedicina-deve-trazer-avancos-a-saude-do-pais-nao.shtml. Acesso em: 28/3/2019.)

Texto 2

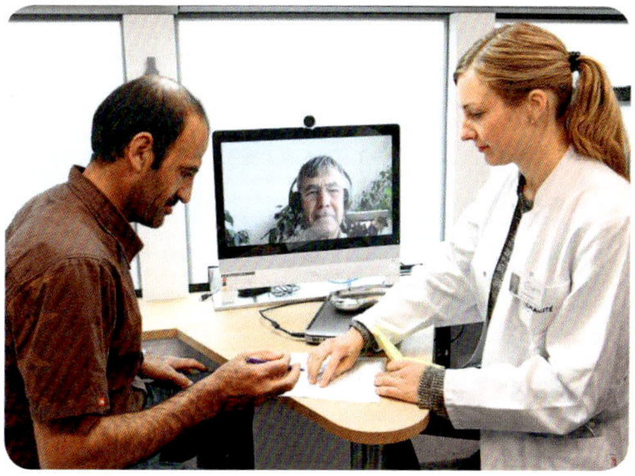

Soeren Stache/picture alliance/Getty Images

A telemedicina foi implantada com sucesso em países desenvolvidos para atender a locais remotos ou de difícil provimento, sendo inimaginável planejar políticas de saúde sem esse instrumento.

O Conselho Federal de Medicina, com outorga legal para normatizar a medicina no Brasil, publicou a resolução nº 2.227/18, prevista para entrar em vigor em três meses. No período, o CFM envolverá médicos e outros segmentos em seu aperfeiçoamento, e uma consulta pública já foi aberta para contribuições.

Com a resolução, espera-se oferecer aos brasileiros instrumento semelhante ao de países desenvolvidos. Será um divisor de águas na medicina do Brasil ao normatizar a telecirurgia e reconhecer a teleconsulta no suporte ao atendimento presencial do médico.

Houve reações à norma. As críticas têm sido analisadas pelo CFM, em sua maioria dissociadas do seu fulcro. Inúmeras publicações foram feitas com acusações de falta de transparência na elaboração do documento; associação de conselheiros com partidos políticos;

e interesses espúrios articulados com grupos privados. Tais colocações não contribuem com o aperfeiçoamento do documento e são totalmente fora de propósito.

No entanto, há críticas pertinentes sobre três pontos: definição de área remota, custo de implantação do sistema e condições em que a teleconsulta é permitida.

Em relação ao conceito de remoto, a resolução se refere às áreas distantes, com municípios hipossuficientes, como na Amazônia ou sertão nordestino. Para o CFM, esse ponto deve ser realmente mais bem esclarecido.

Sobre os custos, fala-se de valores de implantação da telemedicina nos consultórios muito superiores aos reais e ignora-se que a certificação digital nível NGS 2, citada no documento, atende a uma exigência legal.

Com respeito à teleconsulta, a norma fixa que ela pode ser feita em qualquer localidade, desde que com a concordância do paciente e após primeira consulta presencial obrigatória.

Os atendimentos à distância ocorrerão em, no máximo, 120 dias, quando se exige nova consulta presencial com o mesmo médico.

Em regiões remotas, e apenas nessa condição, a resolução permite que a primeira consulta seja de modo virtual, com presença do médico numa ponta e paciente na outra, acompanhado por profissional de saúde. Isso permite ao cidadão desassistido acesso ao médico, poupando-o de ir a outra localidade.

Deve-se enfatizar que o papel do profissional de saúde a auxiliar o médico nesse tipo de teleconsulta é igual ao do que está em consultórios ou hospitais. Atuará para a consulta ser realizada de forma plena e posteriormente orientará o paciente conforme as determinações do médico.

Ressalte-se: o profissional de saúde na região remota não formulará hipótese diagnóstica nem prescreverá tratamento, que são atos de responsabilidade do médico.

O mundo se desenvolve tecnologicamente de maneira nunca vista na história. A medicina é uma das áreas preferenciais desse desenvolvimento, o que nos tira da zona de conforto e exige a reformulação de conceitos.

Gostemos ou não, a telemedicina já é realidade no país, feita atualmente de maneira desregrada, atendendo a grupos privados, com interesses econômicos.

Cabe ao CFM regulamentar a telemedicina, sem receio de a tecnologia interferir na relação de confiança médico-paciente, pilar sagrado da medicina, que independe de encontro presencial.

Mauro Luiz de Britto Ribeiro

Primeiro vice-presidente do Conselho Federal de Medicina

(Disponível em: https://www1.folha.uol.com.br/opiniao/2019/02/a-resolucao-do-cfm-sobre-telemedicina-deve-trazer-avancos-a-saude-do-pais-sim.shtml. Acesso em: 28/3/2019.)

anamnese: histórico feito pelo médico com base nas lembranças relatadas pelo paciente.

espúrio: ilegítimo, que não se justifica.

fulcro: fundamento, base, ponto crucial.

1. Os dois textos lidos tratam da implantação da telemedicina no Brasil. Troque ideias com seus colegas e o professor e deduza:

a) Qual dos textos tem uma postura favorável à telemedicina? Indique dois dos argumentos utilizados pelo autor para defender o ponto de vista dele.

____

____

____

b) Qual dos textos tem uma postura contrária à telemedicina? Indique dois dos argumentos utilizados pelo autor para defender o ponto de vista dele.

c) Qual dos textos é mais convincente? Justifique sua resposta.

2. Qual é a área de atuação profissional dos autores dos artigos lidos e qual é a relação deles com o assunto em debate?

3. Observe que, em ambos os artigos, há termos e trechos sublinhados e com a fonte em cor diferente do restante do texto. Sabendo que os artigos em estudo foram retirados da página virtual de um jornal:

Pankratov Yuriy/Shutterstock

a) Deduza: Qual é a função dessas marcas nesse contexto?

b) Levante hipóteses: De que forma esse recurso contribui para a construção da argumentação em cada um dos textos?

4. Complete a tabela a seguir, identificando, em cada um dos textos lidos, os parágrafos que correspondem a cada uma das partes apontadas. Ao relê-los, perceba que em um mesmo parágrafo podem coexistir diferentes partes, conectadas umas às outras.

	TEXTO 1	TEXTO 2
Contextualização do assunto		
Explicitação da opinião do autor		
Desenvolvimento da argumentação com menção a fatos, exemplos e dados		
Fechamento do texto		

5. Para construírem sua argumentação e defenderem seu ponto de vista, ambos os autores fazem ressalvas e apresentam argumentos contrários aos seus para formular contra-argumentos. Leia a seguir as definições dos termos **ressalva** e **contra-argumento**, dadas pelo dicionário *Houaiss*:

ressalva
■ substantivo feminino
1 observação escrita para emendar o que se escreveu erradamente ou para tornar válida a inserção de palavra ou trecho
1.1 nota para validar rasuras ou emendas em documentos
2 cláusula que modifica termos de um contrato
3 certidão que prova isenção dos deveres militares ou eleitorais
4 declaração por escrito visando à segurança de uma pessoa
5 restrição, exceção, reserva
Ex.: concordo que era bom sujeito, mas com algumas r.

contra-argumento
■ substantivo masculino
argumento que se opõe a outro, a fim de suprimi-lo

(*Dicionário eletrônico da língua portuguesa 1.0.*)

a) Deduza: Qual das acepções da palavra **ressalva** se aplica à estratégia utilizada pelos autores dos textos em estudo?

____

b) Entre os trechos a seguir, assinale aqueles que contêm uma ressalva em destaque.

( ) "Considerando o simples fato de que uma teleconsulta pode gerar inúmeros problemas, tanto para médicos como para pacientes — seja por diagnósticos equivocados ou vazamento de informações confidenciais, entre tantas consequências negativas —, **é preciso uma estrutura tecnológica impecável para pôr em prática tal proposta**."

( ) "A tecnologia tem revolucionado a existência humana, em todas as áreas, e não poderia ser diferente na medicina e na saúde. **Mas estas requerem cuidados especiais, dadas as suas peculiaridades, e uma estrutura de trabalho compatível.**"

( ) "Tais colocações não contribuem com o aperfeiçoamento do documento e são totalmente fora de propósito. **No entanto, há críticas pertinentes sobre três pontos**: definição de área remota, custo de implantação do sistema e condições em que a teleconsulta é permitida."

( ) "O mundo se desenvolve tecnologicamente de maneira nunca vista na história. A medicina é uma das áreas preferenciais desse desenvolvimento, **o que nos tira da zona de conforto e exige a reformulação de conceitos**."

c) Troque ideias com seus colegas e o professor e responda: Como se estruturam textualmente as ressalvas apontadas por você no item **b**?

____

____

____

____

____

____

d) Agora releia os seguintes contra-argumentos, extraídos, respectivamente, do texto 1 e do texto 2, e indique a qual possível argumento contrário eles se opõem.

"Onde ainda reinam antenas parabólicas, espera-se a disponibilidade de *tablets* e telefones celulares de última geração?"

Bosiljka Zutich/Alamy/Fotoarena

____

____

____

____

"Ressalte-se: o profissional de saúde na região remota não formulará hipótese diagnóstica nem prescreverá tratamento, que são atos de responsabilidade do médico."

____

____

____

6. Os dois artigos em estudo utilizam estratégias diferentes para construir sua argumentação.

a) Qual deles toma por base diferentes ponderações sobre a telemedicina, respondendo a diversos argumentos contrários ao ponto de vista expresso no texto?

____

b) Qual deles aponta argumentos contrários apenas na contextualização, desenvolvendo ao longo do texto a sua opinião sobre a prática da telemedicina?

____

7. Os textos em estudo tratam de um mesmo assunto; portanto, é natural que utilizem argumentos análogos. Estabeleça uma correspondência entre as colunas a seguir, considerando quais trechos dos textos podem ser diretamente relacionados.

TEXTO 1	TEXTO 2
1. "[...] o texto propõe, entre outras atividades à distância, que cidadãos moradores de áreas isoladas ou regiões sem a presença do médico tenham acesso a um atendimento via celular ou computador."	( ) "A telemedicina foi implantada com sucesso em países desenvolvidos para atender a locais remotos ou de difícil provimento, sendo inimaginável planejar políticas de saúde sem esse instrumento."
2. "[...] é preciso uma estrutura tecnológica impecável para pôr em prática tal proposta. Onde ainda reinam antenas parabólicas, espera-se a disponibilidade de tablets e telefones celulares de última geração?"	( ) "Em regiões remotas, e apenas nessa condição, a resolução permite que a primeira consulta seja de modo virtual, com presença do médico numa ponta e paciente na outra, acompanhado por profissional de saúde. Isso permite ao cidadão desassistido acesso ao médico, poupando-o de ir a outra localidade."
3. "[...] A tecnologia tem revolucionado a existência humana, em todas as áreas, e não poderia ser diferente na medicina e na saúde. Mas estas requerem cuidados especiais, dadas as suas peculiaridades, e uma estrutura de trabalho compatível."	( ) "O mundo se desenvolve tecnologicamente de maneira nunca vista na história. A medicina é uma das áreas preferenciais desse desenvolvimento, o que nos tira da zona de conforto e exige a reformulação de conceitos."

8. Tendo em vista suas respostas às questões anteriores, explique qual é a importância das ressalvas e da contra-argumentação para elaborar um artigo de opinião.

____

____

____

____

____

____

Posicionando-se como um aluno do 9º ano, você está convidado a expor o seu ponto de vista em um artigo de opinião sobre a presença das novas tecnologias na escola. Esse artigo comporá o jornal temático que você e os colegas vão produzir para a **Oficina de Criação** desta unidade. Para se preparar para a produção do artigo, leia o texto a seguir e utilize seus conhecimentos sobre o assunto. Você pode ainda consultar outras fontes de informação.

Don Mason/Getty Images

Escola e redes sociais: combinação possível?

Escola e mídia. Duas instituições que estão cada vez mais próximas e, ao mesmo tempo, distantes. Embora não faltem teorias, estudos e cursos que defendam o trabalho conjunto entre elas, a interface não é das melhores. Muitas escolas ainda não sabem lidar com os meios de comunicação, cada vez mais presentes, influentes e ao alcance de crianças desde a Educação Infantil.

Em junho do ano passado, a mídia noticiou com grande destaque o caso da estudante Jannah Nebbeling, 15 anos, aluna do Colégio PH, no Rio de Janeiro. Na época, ela disse ter sido coagida pela direção da escola por ter criado uma comunidade no Facebook para debater assuntos escolares e divulgar as respostas dos deveres de casa que valiam pontos. A página era acessada por cerca de 700 alunos. Para a estudante, uma ação normal. Para a escola, uma cola virtual.

O caso foi parar na polícia. A mãe da aluna processou a escola pela forma como a instituição conduziu o problema: suspendeu a aluna por cinco dias. A escola diz ter chamado o responsável de cada aluno que estava participando da comunidade para uma conversa particular, explicando que se tratava de uma cola indevida, um processo não pedagógico.

A **revistapontocom** conversou com especialistas nas áreas de tecnologia e educação para contribuir com o debate. Afinal, como é possível estabelecer uma interface criativa e construtiva entre a escola e, hoje, as redes sociais? Como eles avaliam o caso da aluna? Que pontos positivos é possível tirar deste caso?

Acompanhe:

Professor do Colégio Pedro II, Sérgio Lima afirma que a aluna fez um "uso pobre" das redes sociais. "As respostas dos deveres poderiam ter sido usadas para trocas de conhecimento entre os alunos, para que todos aprendessem mais sobre as questões. Pelo que entendi, as trocas tinham como único objetivo fraudar o sistema de notas da escola. Logo, um uso conservador e limitado das possibilidades ricas de aprendizagem que as redes sociais oportunizam", destaca.

A ação da aluna, na visão do professor, pode ser considerada como um resultado conservador do sistema de avaliação da escola, que, de certa forma, incentiva a necessidade dos alunos colarem. Para Sérgio, se as escolas continuarem funcionando e propondo atividades condizentes com os resquícios da sistematização da Era Industrial, essas contradições serão cada vez mais frequentes. "Se a escola mudar as formas de aprendizagem e avaliação, a cola poderá não fazer mais sentido", avalia.

Para o professor, o episódio é um prato cheio para as escolas que desejam continuar fechadas para o novo mundo tecnológico. Mas também é, ao mesmo tempo, uma ótima reflexão para as que querem, de fato, ampliar suas potencialidades e limites. "As escolas que querem uma desculpa para continuarem no século XIX poderão tomar este episódio como argumento a favor de seu neoludismo — uma ideologia que se opõe às novas tecnologias. Já as escolas que sabem que os desafios para se educar no nosso atual contexto informacional são enormes tomarão este episódio como um convite para a reflexão".

Tarefa nada fácil. Afirma a professora Camila Lima Santana, do Instituto Federal de Educação, Ciência e Tecnologia do IF Baiano. Ela reconhece a dificuldade, pois as escolas estão enraizadas em práticas lineares, segmentadas. E tudo que possibilite uma abertura, uma novidade, um caminho em que não se saiba trilhar, dá medo. Mas é preciso rever, refletir. "E reconhecer esses espaços digitais para além do ócio e das inutilidades. É fundamental pensar as redes sociais como locus de informação, de troca de saberes e aprendizagem", conta.

Na avaliação de Camila, deixar de lado as tecnologias, e mais especificamente as redes sociais, não é uma boa estratégia. Afinal, as tecnologias são um elemento forte e contundente da atual cultura contemporânea. As redes sociais, assim como as clássicas instituições, como a escola, também favorecem a interação e a constituição de conhecimentos e valores. Portanto, afirma a professora, devem ser, pelo menos, objeto de discussão. [...]

[...]

Mestre em Educação e Contemporaneidade pela Universidade do Estado da Bahia (Uneb), Camila destaca ainda que as redes sociais são espaços de interação humana. "Os sites de redes sociais não são culpados por atos de violência, agressão, cola, por nada. Os sujeitos que agem dessa maneira na rede agem em outros espaços. O que a internet permite é que essas práticas sejam divulgadas e atinjam maior número de pessoas. Somos nós, humanos, que fazemos os espaços serem o que são e terem as utilidades que desejamos."

Andrea Ramal faz coro às observações de Camila. E vai mais além. Segundo ela, que é especialista em novas tecnologias, a internet não é um material didático pronto. É preciso que o uso de qualquer recurso, inclusive das redes sociais, com finalidades educacionais, seja fundamentado por um projeto pedagógico consistente. Para Andrea, o limite começa a existir quando as redes sociais, em vez de servirem para o desenvolvimento das pessoas e o crescimento dos estudantes, por meio do compartilhamento de conhecimentos e da comunicação intersubjetiva, começam a serem usadas com finalidades que ferem a ética. Para a especialista, cabe aos educadores – na escola e na família – orientarem os estudantes neste sentido. [...]

(Disponível em: http://revistapontocom.org.br/materias/redes-sociais-na-escola. Acesso em: 27/3/2019.)

Planejamento do texto

Antes de começar a escrever, releia as orientações dadas no capítulo anterior, na página 19, e considere também os seguintes pontos:

- Deixe clara qual é a sua opinião, utilizando exemplos, fatos, dados e opiniões de especialistas para fundamentar a sua argumentação.
- Procure fazer ressalvas ao construir seus argumentos, mostrando que entende que se trata de um assunto complexo, que pode ser visto de diferentes formas.
- Tente, com seus argumentos, mostrar que a sua forma de tratar o debate merece ser levada em consideração.
- Preveja possíveis argumentos contrários aos seus e produza de antemão contra-argumentos, fortalecendo ainda mais o seu ponto de vista.

Revisão e reescrita

Antes de fazer a versão final do seu texto, releia-o, observando as orientações do capítulo anterior, na página 19, e também:

- se você fez ressalvas em seus argumentos, construindo uma argumentação madura e consistente, que merece ser levada em consideração;
- se previu argumentos contrários aos seus e construiu contra-argumentos que os desconstruam.

Para escrever com adequação

A modalização

Releia o seguinte trecho do texto 1 estudado na seção anterior deste capítulo.

> Para os conselheiros do CFM, entre os benefícios da nova medida está a possibilidade de "levar saúde de qualidade a cidades do interior do Brasil, que nem sempre conseguem atrair médicos", além de supostamente beneficiar grandes centros, ao reduzir o estrangulamento no sistema convencional causado pela grande demanda.
>
> [...]
>
> Reflitamos: considerando o simples fato de que uma teleconsulta pode gerar inúmeros problemas, tanto para médicos como para pacientes — seja por diagnósticos equivocados ou vazamento de informações confidenciais, entre tantas consequências negativas —, é preciso uma estrutura tecnológica impecável para pôr em prática tal proposta.
>
> [...]
>
> A proposta do CFM surge mais como uma pretensa cura para uma área que, há décadas, agoniza em nosso país: a saúde.

1. No início do trecho, o autor faz referência às ideias dos conselheiros do Conselho Federal de Medicina (CFM).

a) Levante hipóteses: Qual é a função das aspas na primeira frase do trecho? O uso desse recurso estabelece qual relação entre o autor do texto e o conteúdo citado entre aspas?

____

____

____

b) Indique, em "além de supostamente beneficiar grandes centros, ao reduzir o estrangulamento no sistema convencional causado pela grande demanda", o termo que esclarece a opinião do autor sobre a visão dos conselheiros do CFM. Justifique sua resposta e explique qual é a opinião do autor.

____

____

____

2. No segundo parágrafo do trecho, o autor utiliza termos que indicam o grau de obrigatoriedade e de urgência para a efetivação das propostas feitas no texto. Encontre, nesse parágrafo, duas formas verbais que marcam essa indicação, justificando sua resposta.

____

____

____

3. No terceiro parágrafo do trecho, o autor utiliza outros termos que marcam explicitamente a opinião dele.

a) Identifique o adjetivo que marca a opinião do autor.

b) Reescreva o trecho, substituindo o adjetivo apontado por você no item **a** pelos adjetivos que seguem. Em cada caso, faça as alterações de gênero e número, caso elas sejam necessárias, e explique se a substituição feita acarretou mudança significativa na opinião expressa pelo texto.

- importante:

- suposto:

- catastrófico:

4. Ainda no terceiro parágrafo do trecho, identifique uma forma verbal que marca de forma contundente a opinião do autor. Em seguida, proponha outras que poderiam substituí-la, atenuando e reforçando essa opinião.

Você já sabe que, ao escrevermos um texto, sempre manifestamos nosso ponto de vista sobre o assunto em debate, sendo essa manifestação feita de forma menos ou mais explícita. A escolha das palavras e a forma de combiná-las, a inserção de termos e expressões que acrescentam ideias como as de dever ou de possibilidade, a utilização de advérbios e adjetivos que explicitam uma opinião ou uma avaliação sobre o assunto em debate, entre diversos outros recursos linguísticos, compõem as **estratégias de modalização**, que podem ser exploradas nos textos para marcar de forma mais enfática o ponto de vista do autor.

Exercícios

Você vai reler, agora, um trecho do texto 2 estudado neste capítulo.

"Em relação ao conceito de remoto, a resolução se refere às áreas distantes, com municípios hipossuficientes, como na Amazônia ou sertão nordestino. Para o CFM, esse ponto deve ser realmente mais bem esclarecido.

[...]

Gostemos ou não, a telemedicina já é realidade no país, feita atualmente de maneira desregrada, atendendo a grupos privados, com interesses econômicos.

Cabe ao CFM regulamentar a telemedicina, sem receio de a tecnologia interferir na relação de confiança médico-paciente, pilar sagrado da medicina, que independe de encontro presencial."

Rawpixel.com/Shutterstock

1. No primeiro parágrafo, o autor questiona um conceito da resolução, relativizando a argumentação.

a) Qual é o conceito questionado? E qual é o questionamento em relação a ele?

____

b) Indique a expressão que marca que o autor do texto concorda com esse questionamento.

____

2. Observe o segundo parágrafo do trecho, troque ideias com os colegas e o professor e deduza: Qual é o sentido da expressão "Gostemos ou não", no contexto? Por quais outras expressões de valor semântico semelhante ela poderia ser substituída?

____

____

____

3. O último parágrafo do trecho é um desenvolvimento da constatação feita no segundo parágrafo.

a) A constatação feita no segundo parágrafo marca uma posição claramente favorável à telemedicina, por parte do autor? Justifique sua resposta com base no texto.

____

____

____

b) Identifique, no último parágrafo, uma expressão que tem o sentido de obrigatoriedade, sugerindo outras expressões que podem substituí-la sem alteração substancial no sentido.

____

____

CAPÍTULO

3

O EDITORIAL

O gênero em foco

Como você estudou em capítulos anteriores, o artigo de opinião é um texto assinado por um(a) autor(a). As empresas jornalísticas que o publicam não se responsabilizam pelo seu conteúdo e podem não compartilhar de suas opiniões. Quando elas querem expressar seus posicionamentos, utilizam o editorial.

Leia o texto a seguir.

EDITORIAL

O novo ataque de Trump à imprensa

A defesa da liberdade de imprensa e a multiplicidade de veículos de comunicação das mais diversas posições políticas estão entre os aspectos mais fascinantes da democracia americana

Gazeta do Povo [24/02/2017] [21h00]

A "guerra à imprensa" declarada por Donald Trump logo após sua posse, em janeiro, teve mais uma batalha em que a maior vítima foi a liberdade de imprensa. Na sexta-feira, em uma ação sem precedentes, a Casa Branca impediu que jornalistas do *New York Times*, do *Los Angeles Times*, dos sites BuzzFeed e Politico, além da rede de televisão CNN, participassem de uma reunião com o porta-voz Sean Spicer. Apenas veículos de comunicação e sites considerados "neutros" ou amigáveis ao governo Trump, como Fox News e Breitbart, foram aceitos. Os repórteres da revista *Time* e da agência Associated Press estavam credenciados, mas optaram por não participar do evento, em solidariedade aos colegas barrados.

O evento desta sexta-feira é conhecido no jargão jornalístico norte-americano como "*gaggle*". Não envolve gravação com câmeras de televisão e tem um caráter menos formal que uma entrevista coletiva; é mais uma conversa com o porta-voz sobre assuntos relativos ao governo federal e à agenda do presidente, e não ocorre apenas na Casa Branca — *gaggles* são comuns no Air Force One durante

Brendan Smialowski/Agência France-Presse

viagens oficiais do presidente dos Estados Unidos. O fato de as *gaggles* serem um evento "menor", no entanto, não pode servir de desculpa para a exclusão de determinados veículos de imprensa que são parte tradicional do *pool* de empresas jornalísticas que cobrem a Casa Branca, especialmente quando se sabe que o critério para o veto parece ser única e exclusivamente o tom adotado na cobertura do governo Trump.

Como afirmou o editor-executivo do *New York Times*, "o livre acesso da mídia a um governo transparente é, obviamente, algo de profundo interesse nacional". Eis a chave para se compreender a gravidade desta decisão da equipe de Trump: não estamos falando de um ente privado, que estaria em seu direito de escolher para quem falar, e sim do poder público, de um presidente que, depois de uma campanha polarizante, prometeu governar para todos os americanos. Escolher a dedo que veículos participam da *gaggle* pelo critério da simpatia ou antipatia ao governo, desprezando jornais que falam a milhões de americanos em detrimento de sites de alcance muito menor, é ignorar o princípio da impessoalidade.

Não é segredo para ninguém que vários veículos de comunicação norte-americanos apoiaram Hillary Clinton e, depois da vitória de Trump, adotaram um tom bem mais crítico em relação ao novo presidente em comparação com sua cobertura dos oito anos de Barack Obama. É verdade, também, que jornais e redes de televisão cometeram, ocasionalmente, erros factuais em matéria sobre o governo Trump. Mas, em vez de desmentir os equívocos, o presidente norte-americano partiu para uma estratégia de demonização da imprensa [...].

A defesa da liberdade de imprensa e a multiplicidade de veículos de comunicação das mais diversas posições políticas, defendendo o governo ou fazendo-lhe oposição, estão entre os aspectos mais fascinantes da democracia norte-americana. Mas essa grandeza escapa a Donald Trump, interessado apenas em uma cobertura favorável em sua missão de "tornar a América grandiosa novamente". Ora, parte dessa grandiosidade está justamente na defesa intransigente dessas liberdades. Ao dificultar o acesso de veículos "hostis" às informações da Casa Branca, o governo Trump desmente o seu slogan de campanha e aproxima os Estados Unidos, pelo menos neste aspecto, de regimes mais conhecidos pelo desrespeito não apenas à imprensa livre, mas ao cidadão em geral.

(Disponível em: https://www.gazetadopovo.com.br/opiniao/editoriais/onovo-ataque-de-trump-a-imprensa-42itqvv0vqhdvax96gshau892/. Acesso em: 28/3/2019.)

1. Uma das características dos editoriais é a atualidade do tema de que tratam, ou seja, assuntos do momento, quase sempre polêmicos. O editorial lido, publicado na edição do jornal de 24/2/2017, comenta a relação conflituosa entre o então recém-eleito presidente dos Estados Unidos, Donald Trump, e a imprensa, bem como as possíveis consequências para o regime democrático. Levante hipóteses: Com que finalidade o jornal brasileiro publicou esse editorial, já que se trata de um assunto de outro país?

2. O editorial geralmente se constitui de três partes essenciais: **introdução**, **desenvolvimento** e **conclusão**. Na introdução são apresentados o assunto e a ideia principal (ou tese) defendida pelo jornal ou revista, isto é, o ponto de vista do veículo de comunicação sobre o tema. O desenvolvimento é composto de parágrafos que fundamentam com argumentos a ideia principal. A conclusão geralmente é formulada no último parágrafo do texto.

a) Qual é o assunto do texto, apresentado no 1º parágrafo?

b) Qual é a principal ideia? Em que parágrafo ela aparece?

3. Quem é o locutor, ou seja, o responsável pelo texto? A quem se destina o editorial lido?

4. O desenvolvimento do editorial ocorre do 2º ao 4º parágrafo.

a) Qual é o principal objetivo do 2º parágrafo do texto?

b) O 3º parágrafo é iniciado com uma citação do editor-executivo do *New York Times*. O editorial usa a citação para concordar com ela ou discordar dela? Que palavra evidencia a concordância com a citação ou a discordância dela?

c) Que argumento é desenvolvido a partir da citação do 3º parágrafo? Esse argumento leva a qual conclusão?

5. No capítulo anterior, você estudou as ressalvas e os contra-argumentos. No texto, o 4º parágrafo apresenta uma ressalva à argumentação desenvolvida nos parágrafos anteriores. Qual é ela? Diante da ressalva, que contra-argumento é apresentado?

6. A conclusão dos editoriais geralmente aparece no último ou nos últimos parágrafos e costuma apresentar uma síntese das ideias expostas ou uma sugestão ou uma proposta, acompanhadas de um comentário de apoio ou de uma crítica, a respeito do assunto abordado. Releia a conclusão do editorial lido.

a) De que tipo ela é?

b) Qual é a relação entre o que é afirmado na conclusão sobre a liberdade de imprensa norte-americana e a intenção do jornal em publicar esse editorial, indicada por você na questão 1?

7. As aspas foram utilizadas em diferentes momentos do texto. Identifique termos ou trechos que estão entre aspas com as seguintes funções, completando a tabela a seguir.

Citação de discurso direto	
Termo em língua estrangeira	
Afastamento ou distanciamento do autor do texto em relação ao uso do termo	

8. Você viu, no capítulo 1 desta unidade, que é possível fundamentar a ideia principal de um texto argumentativo com diferentes tipos de argumentos, tais como comparações, relações de causa e consequência, dados estatísticos fornecidos por pesquisas, depoimentos de autoridades, etc. Identifique no texto lido:

a) argumentos de comparação:

____

____

____

____

____

b) argumentos de causa e consequência:

____

____

____

____

____

____

c) depoimentos de autoridade:

____

____

____

9. Apesar de expressar a opinião do jornal ou revista, o editorial tende a certa impessoalidade, ou seja, a abordar o tema de modo distanciado, sem que seu autor se coloque diretamente no texto. Observe os verbos e os pronomes empregados no editorial lido.

a) Que pessoa gramatical predomina no emprego de verbos e pronomes: a 1ª ou a 3ª? O uso dessa pessoa confere um tom pessoal ou impessoal à linguagem?

____

____

____

____

Hadrian/Shutterstock

b) Em que tempo estão as formas verbais, predominantemente?

10. No 4º parágrafo, são utilizados termos que indicam uma apreciação do que é afirmado como uma certeza, uma verdade absoluta. Encontre duas formas verbais que marcam essa indicação, justificando sua resposta.

11. Observe a linguagem do texto.

a) Ele está escrito de acordo com a norma-padrão da língua?

b) Para indicar relações adversativas, qual é a conjunção utilizada várias vezes? Por quais ela poderia ser substituída?

12. O editorial lido foi reproduzido do *site* do jornal *Gazeta do Povo*. Nele, constava a imagem que acompanha o texto. Debata com os colegas e responda: Qual é a relação entre o editorial e a imagem que o acompanha?

13. Reúna-se com seus colegas de grupo e, juntos, concluam: Quais são as características básicas do editorial? Respondam levando em conta os critérios a seguir.

- finalidade do gênero:
- perfil dos interlocutores:
- suporte/veículo:
- tema:
- estrutura:
- linguagem:

Agora é a sua vez

Ao final desta unidade, você vai produzir, com seus colegas, um jornal temático sobre **As redes sociais no mundo atual**.

Neste capítulo, você leu um editorial e analisou como um veículo de comunicação se posiciona por meio desse gênero. Agora, você e seus colegas vão escrever editoriais para compor o jornal temático.

Para elaborar coletivamente o editorial, leia os textos a seguir:

Quando se trata da disseminação de *fake news* e de minar a crença na objetividade, a tecnologia se provou um combustível altamente inflamável. Cada vez mais nos damos conta do lado sombrio do que foi imaginado, a princípio, como um catalisador de inovação e de mudanças.

Tim Berners-Lee, que em 1989 elaborou uma proposta para o que viria a ser a World Wide Web, imaginou um sistema de informação universal, conectando pessoas que compartilham informações para além das fronteiras da linguagem e da posição geográfica. O resultado seria uma explosão de criatividade e a solução de problemas sem precedentes. Uma espécie de versão benevolente da biblioteca infinita de Borges, onde tudo [pode] existir, mas também pode ser recuperado e colocado em uso prático e imaginativo.

[...]

As pessoas cada vez mais se dão conta de que a mesma web que democratizou informações, que forçou (alguns) governos a serem mais transparentes e que permitiu a todos, de dissidentes políticos a cientistas e médicos, se conectarem uns aos outros tem um lado sinistro que agentes mal-intencionados podem explorar facilmente para espalhar informações errôneas e desinformação, crueldade e preconceito. A possibilidade do anonimato na web incitou uma ausência nociva de responsabilidade e facilitou a atuação de intimidadores e *trolls*. Empresas gigantes do Vale do Silício coletaram dados de usuários numa escala que rivaliza com a da Agência de Segurança Nacional. E a explosão do uso da internet também amplificou muitas das dinâmicas já em curso na cultura contemporânea: desde o egocentrismo das gerações do "eu" e da "*selfie*" até o isolamento das pessoas em bolhas ideológicas e a relativização da verdade.

O enorme volume de dados na web permite que as pessoas selecionem cuidadosamente fatos, factoides ou não fatos que apoiem seu ponto de vista, encorajando tanto acadêmicos como amadores a encontrar material para apoiar suas teorias, em vez de examinar evidências empíricas para chegar a conclusões racionais. Como escreveu Nicholas Carr, ex-editor executivo da *Harvard Business Review*, em *A geração superficial: o que a internet está fazendo com os nossos cérebros*: "Nós não vemos a floresta quando pesquisamos na web. Nem mesmo vemos as árvores. Vemos galhos e folhas".

Gregory Baldwin/Getty Images

Na web, onde cliques são tudo e entretenimento e notícias estão cada vez mais misturados, o material sensacionalista, bizarro ou revoltante sobe para o topo, com posts que apelam cinicamente para a parte rudimentar de nossos cérebros — para emoções primitivas como medo, ódio e raiva.

[...]

Enquanto a confiança do público na imprensa diminuía no novo milênio (parte de uma desconfiança crescente em instituições e *gatekeepers*, bem como de um esforço orquestrado da direita para desacreditar a grande imprensa), mais pessoas começaram a receber suas notícias por Facebook, Twitter e ouras fontes on-line: em 2017, dois terços dos norte-americanos disseram receber pelo menos parte de suas notícias pelas redes sociais. Essa dependência do *feed* de familiares, de amigos, do Facebook e do Twitter para se informar, no entanto, alimentaria o monstro voraz das *fake news*.

(Michiko Kakutani. *A morte da verdade*. São Paulo: Intrínseca, 2018. p. 149-153.)

O que é 'pós-verdade', a palavra do ano segundo a Universidade de Oxford

André Cabette Fábio 16 Nov 2016 (atualizado 28/Fev 13h25)

Substantivo diz respeito a circunstâncias nas quais fatos objetivos têm menos importância do que crenças pessoais

Anualmente a Oxford Dictionaries, departamento da universidade de Oxford responsável pela elaboração de dicionários, elege uma palavra para a língua inglesa. A de 2016 é "pós-verdade" ("post-truth"). Em 2015, a palavra escolhida foi um emoji — mais especificamente, aquela carinha amarela que chora de tanto rir. Além de eleger o termo, a instituição definiu o que é a "pós-verdade": um substantivo "que se relaciona ou denota circunstâncias nas quais fatos objetivos têm menos influência em moldar a opinião pública do que apelos à emoção e a crenças pessoais". A palavra é usada por quem avalia que a verdade está perdendo importância no debate político. Por exemplo: o boato amplamente divulgado de que o Papa Francisco apoiava a candidatura de Donald Trump não vale menos do que as fontes confiáveis que negaram esta história. Segundo a Oxford Dictionaries, o termo "pós-verdade" com a definição atual foi usado pela primeira vez em 1992 pelo dramaturgo sérvio-americano Steve Tesich. Ele tem sido empregado com alguma constância há cerca de uma década, mas houve um pico de uso da palavra, que cresceu 2.000% em 2016. "'Pós-verdade' deixou de ser um termo periférico para se tornar central no comentário político, agora frequentemente usado por grandes publicações sem a necessidade de esclarecimento ou definição em suas manchetes", escreve a entidade no texto no qual apresenta a palavra escolhida.

Reprodução/Editora Oxford

"Dado que o uso do termo [pós-verdade] não mostrou nenhum sinal de desaceleração, eu não ficaria surpreso se 'pós-verdade' se tornasse uma das palavras definidoras dos nossos tempos", Casper Grathwohl, Presidente da Oxford Dictionaries em entrevista ao jornal americano 'Washington Post'.

Segundo a Oxford Dictionaries, a palavra vem sendo empregada em análises sobre dois importantes acontecimentos políticos: a eleição de Donald Trump como presidente dos Estados Unidos e o referendo que decidiu pela saída da Grã-Bretanha da União Europeia, apelidada de "Brexit". Ambas as campanhas fizeram uso indiscriminado de mentiras, como a de que a permanência na União Europeia custava à Grã Bretanha US$ 470 milhões por semana no caso do Brexit, ou de que Barack Obama é fundador do Estado Islâmico no caso da eleição de Trump. Em um artigo publicado em setembro de 2016, a influente revista britânica "The Economist" destaca que políticos sempre mentiram, mas Donald Trump atingiu um outro patamar. A leitura de muitos acadêmicos e da mídia tradicional é que as mentiras fizeram parte de uma bem-sucedida estratégia de apelar a preconceitos e radicalizar posicionamentos do eleitorado. Apesar de claramente infundadas, denunciar essas informações como falsas não bastou para mudar o voto majoritário. Para diversos veículos de imprensa, a proliferação de boatos no Facebook e a forma como o feed de notícias funciona foram decisivos para que informações falsas tivessem alcance e legitimidade. Este e outros motivos têm sido apontados para explicar ascensão da pós-verdade.

[...]

Novas mídias

Plataformas como Facebook, Twitter e Whatsapp favorecem a replicação de boatos e mentiras. Grande parte dos factoides são compartilhados por conhecidos nos quais os usuários têm confiança, o que aumenta a aparência de legitimidade das histórias. Os algoritmos utilizados pelo Facebook fazem com que usuários tendam a receber informações que corroboram seu ponto de vista, formando bolhas que isolam as narrativas às quais aderem de questionamentos à esquerda ou à direita.

Menos espaço para imprensa

A imprensa, que é tradicionalmente responsável por checar os fatos e construir narrativas baseadas na realidade, tem tido obstáculos para disputar espaço nas redes sociais. Em junho, o Facebook alterou seu algoritmo de forma a diminuir o alcance de postagens de sites noticiosos e privilegiar o de amigos e familiares. Em paralelo, a imprensa que checa fatos antes de publicá-los compete por espaço com uma ampla gama de veículos de informações falsas. Um site com um bom design pode bastar para convencer um leitor da veracidade de uma informação.

[...]

(Disponível em: https://www.nexojornal.com.br/expresso/2016/11/16/O-que-%C3%A9-%E2%80%98p%C3%B3s-verdade%E2%80%99-a-palavra-do-ano-segundo-a-Universidade-de-Oxford. Acesso em: 28/3/2019.)

Como o editorial é um texto que retrata a opinião de um veículo jornalístico, e não de um indivíduo, a proposta é que vocês produzam editoriais em grupo. Para isso, devem chegar a um consenso sobre o posicionamento do grupo a respeito de uma das questões polêmicas propostas a seguir.

- Redes sociais: democracia da informação ou alienação?
- Pós-verdade e imprensa: qual é o papel e a importância do jornalismo na atualidade?
- Pós-verdade e *fake news*: por que acreditamos em qualquer notícia veiculada pela Internet?
- Internet e as possibilidades de ação social: é possível utilizar a rede para a criatividade e a benevolência?
- Responsabilidade de governos e políticos em tempos de pós-verdade.

Utilizem as informações estudadas durante a unidade e pesquisem mais a respeito. Debatam em grupo o tema escolhido, definam a tese que vão defender e elaborem o editorial.

Planejamento do texto

- Tenham em mente o leitor de seu texto: alunos, funcionários e professores da escola, familiares, amigos.
- Apresentem a ideia principal no 1º ou no 2º parágrafo, deixando claro o ponto de vista do grupo sobre o tema.
- Selecionem argumentos para apoiar o ponto de vista do grupo. Façam uso de comparações, de relações de causa e consequência e de dados estatísticos, se possível. De preferência, cada argumento deve corresponder a um parágrafo. Por exemplo, se escolherem dois bons argumentos, desenvolvam-nos em dois parágrafos; se três argumentos, em três parágrafos.
- Apresentem a conclusão no último parágrafo.
- Adotem uma linguagem objetiva e impessoal, com verbos e pronomes em 3ª pessoa e tempos verbais predominantemente no presente do indicativo.
- Empreguem uma variedade de acordo com a norma-padrão.
- Deem um título atraente ao editorial.

Thais Circelli/Arquivo da editora

Revisão e reescrita

Antes de finalizar o editorial, releiam-no, observando:

- se ele expressa com clareza a opinião do grupo a respeito do tema abordado;
- se é persuasivo, ou seja, se é capaz de convencer o leitor usando bons argumentos;
- se apresenta uma ideia principal, parágrafos em que desenvolve essa ideia e uma conclusão coerente com a ideia principal e com o desenvolvimento;
- se os argumentos são consistentes;
- se a linguagem é clara, impessoal, de acordo com a norma-padrão e adequada ao perfil dos leitores;
- se o título é atraente.

Realizem as alterações necessárias e deixem o texto pronto para fazer parte do jornal da classe.

Para escrever com coesão

Continuidade e progressão textual

Você já pensou no que faz um texto "caminhar", isto é, desenvolver-se? E, no seu desenvolvimento, como é que as partes novas se articulam com as partes já escritas? O desenvolvimento de um texto está diretamente relacionado a dois princípios básicos da textualidade, que você vai examinar nesta seção: a continuidade e a progressão. Leia o texto a seguir.

O futebol no feminino

As confusões de gênero que levaram "a" lateral direita a ser ocupada "pelo" lateral-direito

Por Leo Ricino

Jose Breton/NurPhoto/Getty Images

Muitos dos termos do futebol (se não todos) vieram do inglês e foram se adaptando ao português. Houve tempo em que a falta cometida com a mão se chamava *hands*, escanteio era *corner*, goleiro era *goalkeeper*, etc. Felizmente, foi-se impondo um lento e inexorável aportuguesamento.

Todavia, aí começa uma nova confusão: os nomes das posições, geralmente femininos, começam a chocar com o elemento masculino que as preenche. Assim, a lateral direita é ocupada pelo lateral-direito; a lateral esquerda, pelo lateral-esquerdo, e assim sucessivamente. Como o substantivo "lateral" é genericamente neutro, o adjetivo que o acompanha pode facilmente ganhar a forma masculina ou feminina.

Aliás, esses dois substantivos compostos, "lateral-direito" e "lateral-esquerdo", não aparecem no *Volp* (Vocabulário Ortográfico da Língua Portuguesa, relação oficial das palavras de nossa língua), nem no *Houaiss*, no *Aurélio* ou no *Dicionário Escolar da Língua Portuguesa*, da Academia Brasileira de Letras. Só aparecem no *Aulete*.

Meia

Já o arremesso lateral, a reposição de bola em jogo com as mãos numa das laterais do campo, quando reduzido ao adjetivo substantivado, ficou "o lateral", por influência de "arremesso". Essa substantivação de adjetivos não é estranha à língua: o *Persicum malum* (maçã da Pérsia) virou o saboroso "pêssego", por evolução do adjetivo "pérsico". Os protestantes evangélicos viraram só "evangélicos", etc.

Outro caso curioso, aponta Silveira Bueno em *Gramática Normativa da Língua Portuguesa*, que acaba de ter a 20ª edição lançada pela editora Global, é o de *asinus burrus*, tipo de asno que se caracterizava pela cor vermelha. O povo começou a omitir o substantivo *asinus* e a usar o adjetivo, *burrus*, que se substantivou, e todos os asnos viraram "burros". O que faz com que, metafórica e indelicadamente, tanto faz chamar alguém de asno ou burro. Dá no mesmo.

Em relação à "meia-direita" e à "meia-esquerda" (que, curiosamente, aparecem no *Volp* e nos dicionários, ao contrário de "lateral-esquerdo" e "lateral-direito"), posição entre o lado esquerdo e o direito e o centro do ataque, a coisa muda de figura, já que o substantivo "meio", por terminar em vogal, é mais suscetível a gênero. Ora, quando o povo criou as palavras para essas duas posições, intuiu a concordância com a palavra "posição", e "meio" passou a ser "meia", substantivo com o qual os adjetivos "direita" e "esquerda" concordaram.

[...]

(Revista *Língua Portuguesa*, n. 105, p. 46.)

Frederick Breedon/Getty Images

Marta, que joga como atacante, foi eleita a melhor jogadora do mundo por seis vezes.

1. Nos textos, geralmente há palavras ou expressões responsáveis por sua **continuidade**, ou seja, pela retomada de palavras ou ideias expressas anteriormente. O texto lido trata de termos empregados no futebol e sua relação com o gênero das palavras. No 1º parágrafo:

a) Que expressão tem ligação com a exemplificação constituída por palavras inglesas?

____

b) O autor vê como positivo o aportuguesamento de palavras inglesas empregadas no âmbito do futebol? Que palavra do texto explicita o ponto de vista do autor quanto a essa adaptação?

____

____

2. Para que um texto apresente textualidade, não basta haver nele a retomada de elementos já expressos. É necessário que a retomada leve ao acréscimo de novas informações e a uma ampliação das ideias, o que se chama **progressão**. No 2º parágrafo do texto lido:

a) Qual palavra retoma e situa a ideia apresentada no parágrafo anterior? ______________

b) Qual é a relação de oposição quanto ao que foi expresso antes?

____

____

c) Que palavra introduz essa oposição?

____

3. Há, no 2º parágrafo, um período iniciado por **assim** e outro iniciado por **como**. Que ideias essas palavras acrescentam ao parágrafo?

____

____

4. No 3º parágrafo, uma nova informação, do tipo curiosidade, dá continuidade ao texto.

a) Qual é essa informação?

____

____

____

b) Que palavra introduz esse acréscimo feito ao texto?

____

5. No texto lido, aspectos mencionados em certos parágrafos ou em certos trechos são retomados e ampliados em parágrafos ou trechos seguintes. Associe as colunas, indicando o aspecto que cada trecho indicado retoma ou acrescenta no texto. Para isso, volte ao texto e releia os parágrafos em que estão situados os trechos.

a) Em relação à "meia-direita" [...] gênero (6º parágrafo)	( ) Apresentação de um caso diferente do mencionado anteriormente.
b) Já o arremesso lateral [...] "arremesso"(4º parágrafo)	( ) Justificativa, com base na evolução da língua para uma expressão.
c) Essa substantivação [...] língua (4º parágrafo)	( ) Exemplificação por meio da citação de outro caso ocorrido na evolução da língua.
d) Outro caso curioso [...] vermelha (5º parágrafo)	( ) Retomada do princípio exemplificado para fazer referência a outro caso.

6. O autor do texto comenta que os substantivos compostos **lateral-direito** e **lateral-esquerdo** não constam da maioria dos principais dicionários brasileiros, ao contrário de **meia-direita** e **meia-esquerda**. E, em certo momento, faz referência ao papel do povo na criação de palavras, ao afirmar: "quando o povo criou as palavras para essas duas posições".

- Que relação há entre a presença ou ausência de palavras novas nos dicionários e a renovação que ocorre constantemente na língua?

____

____

____

Projeto ▸ Discutindo o papel das redes sociais

Nesta unidade, você produziu artigos de opinião e um editorial para construir o jornal temático da classe sobre as redes sociais no mundo atual. Neste capítulo, vamos organizar o material produzido e montar o jornal.

Há, a seguir, algumas orientações para a montagem do jornal, cujo título pode ser **Discutindo o papel das redes sociais** ou outro que prefiram. Os leitores do jornal serão professores e funcionários da escola, colegas de sua classe e de outras, amigos e familiares.

goodluz/Shutterstock

Montando o jornal

- Reúnam todo o material produzido nesta unidade: os artigos de opinião e os editoriais.
- Decidam como vão organizar o material: se vão fazer um jornal mural, se vão optar por montar um caderno impresso a ser distribuído na escola, se haverá uma versão digital que poderá ser acessada *on-line*, etc.
- Decidam como os textos serão organizados: primeiramente os editoriais, seguidos dos artigos de opinião, cada um em um conjunto, ou se preferem intercalar os gêneros, juntando, por exemplo, textos dos mesmos autores ou grupos.
- Conversem com o professor de Informática e vejam a possibilidade de formatar os textos de vocês em um jornal digital, que pode ser disponibilizado no *site* da escola, se houver, ou em algum *blog* criado pela classe para esse fim. Caso não seja possível fazer um jornal digital, vocês mesmos podem publicar os artigos de opinião e os editoriais como postagens de *blog*.
- Diagramem o material em um formato jornalístico, isto é, disponham os textos em colunas, intercalados com as imagens (que podem ser, por exemplo, as fotos dos autores dos textos); usem nos títulos letras de tamanho grande, explorem recursos como negrito, itálico, maiúsculas, etc.
- Quando a diagramação estiver concluída, peçam a outros colegas que leiam o jornal e o avaliem. Com base nas sugestões dos colegas, façam as modificações que acharem convenientes.
- Definam como a publicação será confeccionada: se vão montar tudo digitalmente ou se vão fazer de forma artesanal, por meio de colagem; se vão imprimir em gráfica ou na escola, etc.

Reprodução/Journal KulturTour

Reprodução/Jornal Escola Viva

Divulgando o jornal

- Finalizado o jornal, vocês podem organizar um evento de lançamento, a ser realizado em um dia e em um horário especiais, exclusivo para isso, ou em horário de aula. Nesse evento, vocês farão a primeira divulgação, lançando o jornal que produziram.
- Convidem familiares, funcionários, alunos e professores da escola para conhecerem o trabalho realizado.
- Escolham um porta-voz para fazer uma fala breve, contando como foi o processo de produção e qual é o objetivo principal de vocês com a publicação.

PhotoAlto/Frederic Cirou/Getty Images

Disponibilizando o jornal para leitura

- Após o lançamento, combinem com os colegas e o professor o melhor meio de disponibilização do jornal, tendo em vista o formato escolhido por vocês: se há número suficiente para distribuí-lo ou se será necessária uma divisão, caso haja poucos ou apenas um exemplar. Por exemplo, em um primeiro momento, vocês podem revezar entre vocês mesmos, levando-o para casa, a fim de mostrá-lo a amigos e familiares; depois, podem deixá-lo disponível para leitura em alguma sala de espera na recepção da escola, na biblioteca, no balcão da secretaria, etc.
- Divulguem o endereço da versão digital do jornal para que um maior número de pessoas possa ler e comentar os textos de vocês.

Thais Circelli/Arquivo da editora

UNIDADE

2

HISTÓRIAS DE FAMÍLIA

Em verdade, sempre será conto aquilo que seu autor batizou com o nome de conto.

(Mário de Andrade)

Um conto é uma verdadeira máquina literária de criar interesse.

(Julio Cortázar)

[...] se não tivermos uma ideia viva do que é o conto, teremos perdido tempo, porque um conto, em última análise, se move nesse plano do homem onde a vida e a expressão escrita dessa vida travam uma batalha fraternal, se me for permitido o termo; e o resultado dessa batalha é o próprio conto, **uma síntese viva ao mesmo tempo que uma vida sintetizada,** algo assim como um tremor de água dentro de um cristal, uma fugacidade numa permanência. Só com imagens se pode transmitir essa alquimia secreta que explica a profunda ressonância que um grande conto tem em nós, e que explica também por que há tão poucos contos verdadeiramente grandes.

(Julio Cortázar)

jannoon028/Shutterstock

Fique ligado! Pesquise!

Filmes

- *A cartomante*, de Wagner Assis e Pablo Uranga; *O conto dos contos*, de Matteo Garrone; *Capitão Phillips*, de Paul Greengrass; *12 anos de escravidão*, de Steve McQueen; *Anna Karenina*, de Joe Wright; trilogia *O Hobbit*, de Peter Jackson; *A lenda do cavaleiro sem cabeça* e *Peixe grande e suas histórias maravilhosas*, de Tim Burton; *Minhas tardes com Marguerritte*, de Jean Becker; *Forrest Gump — O contador de histórias*, de Robert Zemeckis; *A causa secreta*, de Sérgio Bianchi; *Pequenas histórias*, de Helvécio Ratton; *O curioso caso de Benjamin Button*, de David Fincher; *Histórias que só existem quando lembradas*, de Julia Murat.

Alamy/Fotoarena

Cena do filme *O curioso caso de Benjamin Button*.

Livros

- *Os cem menores contos brasileiros do século*, organização de Marcelino Freire (Ateliê); *Os cem melhores contos brasileiros do século*, seleção de Italo Moriconi (Objetiva); *Os 100 melhores contos da literatura universal*, *Os 100 melhores contos de crime e mistério da literatura universal* e *Os 100 melhores contos de humor*, organização de Flávio Moreira da Costa (Ediouro); *Antologia escolar de contos brasileiros*, organização de Herberto Sales (Ediouro); *Contos brasileiros contemporâneos*, organização de Julieta de Godoy Ladeira (Salamandra); coleção Quem Conta um Conto, volume 6, de Ignácio de Loyola Brandão e outros (Atual); coleção Vínculos (Atual); coleção Para Gostar de Ler, volumes 8, 9, 10 e 11 (Ática); *Terra sonâmbula*, de Mia Couto (Companhia de Bolso); *Teoria do conto*, de Nádia Battella Gotlib.

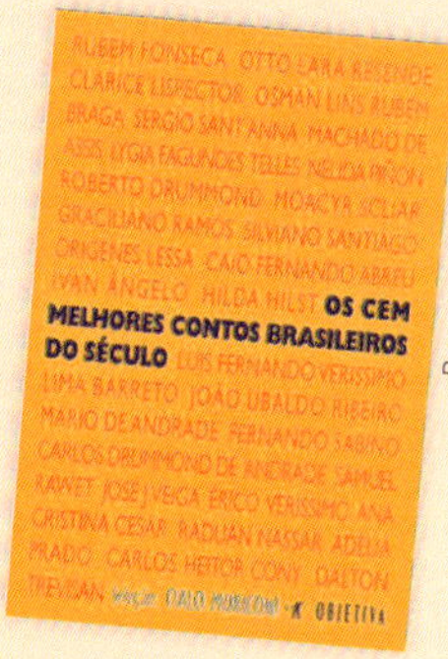

Reprodução/Editora Objetiva

Músicas

- Ouça canções que contam histórias: "Marias", de Karol Conka; "Pela madrugada", de Tulipa Ruiz; "Sol de giz de cera", de Emicida; "O marco marciano" e "O que sobrou do céu", de O Rappa; "Esperando na janela", de Gilberto Gil; "Encontros e despedidas" e "Paula e Bebeto", de Milton Nascimento; "Eduardo e Mônica", de Legião Urbana.

Sites

- http://machado.mec.gov.br/obra-completa-lista/itemlist/category/24-conto
- www.scliar.org/moacyr
- http://homoliteratus.com/links-100-melhores-contos-da-literatura-universal/
- http://contobrasileiro.com.br/?cat=699

Fique ligado! Escreva!

Leia este texto:

A dívida

Mata o pai
Arromba o cofre,
Só uma caixa vazia.

(José Castello. In: Marcelino Freire (Org.). *Os cem menores contos brasileiros do século*. Cotia, SP: Ateliê. p. 45.)

O autor do texto aceitou o desafio de escrever um miniconto com no máximo cinquenta letras. A exemplo do escritor, crie você também uma micro-história com até cinquenta letras. Dê um título a ela e depois leia-a para os colegas.

De olho no gênero

É provável que você já tenha tido contato com diferentes tipos de conto: o conto maravilhoso, o conto de enigma ou policial, o conto de mistério, ou simplesmente o conto. Como o próprio nome sugere, esse gênero está intimamente ligado à necessidade do ser humano de contar histórias, de imaginar e fantasiar, de se transportar para outros tempos e lugares.

Que tal conhecer um pouco mais esse gênero? Escolha um livro ou uma antologia de contos, de autor brasileiro ou estrangeiro, selecione um conto e leia-o. No dia combinado com o professor, leve o livro para a sala de aula e troque com os colegas impressões e experiências de leitura. Depois conte para a classe como é o conto que você leu e comente se gostou dele ou não, por que, etc.

Leia também os textos a seguir.

Reprodução/Companhia de Bolso

Conto: aproximando as pessoas

Pessoas reunidas ao redor de uma fogueira, ou de uma mesa na sala de jantar, ou numa biblioteca... Pronto! Eis a condição necessária e suficiente para alguém começar a contar uma história. Fatos reais se misturam à fantasia e à imaginação do contador e dos ouvintes, dando origem a novas histórias, que se renovam a cada vez que são contadas.

O conto origina-se assim; vem, portanto, da necessidade humana de contar histórias, de fantasiar, de reinventar o mundo com palavras. Nascido na tradição oral, o conto atravessa os séculos e chega ao século XXI. Está hoje nos livros, na TV, no cinema, no teatro e na Internet. Mais vivo do que nunca, o conto existe para ser contado; para ser ouvido, lido, visto, navegado.

Rawpixel.com/Shutterstock

O conto no tempo

É difícil dizer com precisão quando nasceu o conto. Com certeza, a arte de contar histórias é anterior ao próprio surgimento da escrita. Para alguns, os contos egípcios, reunidos em *Os contos dos mágicos*, de 4000 a.C., são a mais antiga expressão do gênero de que se tem notícia. Mas, seguramente, são as *Mil e uma noites*, que surgiram entre os séculos XII e XIV, que popularizaram em todo o mundo a arte de contar histórias curtas. Os conhecidos contos "Aladim e a lâmpada maravilhosa" e "Ali Babá e os 40 ladrões", por exemplo, fazem parte desse livro.

No século XIV, os contos ganharam o registro escrito. Ao longo dos tempos, muitos escritores cultivaram o conto, contribuindo para que ele se firmasse como gênero. Entre eles estão Boccaccio, Cervantes, La Fontaine, Edgar Allan Poe, Tchekov, Machado de Assis e, mais recentemente, Julio Cortázar, Guimarães Rosa, Clarice Lispector, Lygia Fagundes Telles e Dalton Trevisan.

Reprodução/Livraria José Olympio Editora

Capa de *Sagarana*, de Guimarães Rosa, um dos principais contistas brasileiros do século XX.

Reprodução/Editora Record

Obra de Dalton Trevisan, um dos principais contistas brasileiros da atualidade.

Oficina de Criação

Projeto ▸ De conto em conto

No final da unidade, você vai participar da produção de um livro ou de um *blog* com os contos produzidos pela classe e, depois, da montagem de uma mostra de contos. Para isso, ao longo da unidade, desenvolverá várias atividades relacionadas com o gênero.

CAPÍTULO 1

O CONTO

O gênero em foco

Leia este conto, de Graciliano Ramos:

Um cinturão

As minhas primeiras relações com a justiça foram dolorosas e deixaram-me funda impressão. Eu devia ter quatro ou cinco anos, por aí, e figurei na qualidade de réu. Certamente já me haviam feito representar esse papel, mas ninguém me dera a entender que se tratava de julgamento. Batiam-me porque podiam bater-me, e isto era natural.

Os golpes que recebi antes do caso do cinturão, puramente físicos, desapareciam quando findava a dor. Certa vez minha mãe surrou-me com uma corda nodosa que me pintou as costas de manchas sangrentas. Moído, virando a cabeça com dificuldade, eu distinguia nas costelas grandes lanhos vermelhos. Deitaram-me, enrolaram-me em panos molhados com água de sal — e houve uma discussão na família. Minha avó, que nos visitava, condenou o procedimento da filha e esta afligiu-se. Irritada, ferira-me à toa, sem querer. Não guardei ódio a minha mãe: o culpado era o nó. Se não fosse ele, a flagelação me haveria causado menor estrago. E estaria esquecida. A história do cinturão, que veio pouco depois, avivou-a.

Meu pai dormia na rede, armada na sala enorme. Tudo é nebuloso. Paredes extraordinariamente afastadas, rede infinita, os armadores longe, e meu pai acordando, levantando-se de mau humor, batendo com os chinelos no chão, a cara enferrujada. Naturalmente não me lembro da ferrugem, das rugas, da

Thaís Circelli/Arquivo da editora

voz áspera, do tempo que ele consumiu rosnando uma exigência. Sei que estava bastante zangado, e isto me trouxe a covardia habitual. Desejei vê-lo dirigir-se a minha mãe e a José Baía, pessoas grandes, que não levavam pancada. Tentei ansiosamente fixar-me nessa esperança frágil. A força de meu pai encontraria resistência e gastar-se-ia em palavras.

Thaís Circelli/Arquivo da editora

Débil e ignorante, incapaz de conversa ou defesa, fui encolher-me num canto, para lá dos caixões verdes. Se o pavor não me segurasse, tentaria escapulir-me: pela porta da frente chegaria ao açude, pela do corredor acharia o pé do turco. Devo ter pensado nisso, imóvel, atrás dos caixões. Só queria que minha mãe, sinhá Leopoldina, Amaro e José Baía surgissem de repente, me livrassem daquele perigo.

Ninguém veio, meu pai me descobriu acocorado e sem fôlego, colado ao muro, e arrancou-me dali violentamente, reclamando um cinturão. Onde estava o cinturão? Eu não sabia, mas era difícil explicar-me: atrapalhava-me, gaguejava, embrutecido, sem atinar com o motivo da raiva. Os modos brutais, coléricos, atavam-me; os sons duros morriam, desprovidos de significação.

Não consigo reproduzir toda a cena. Juntando vagas lembranças dela a fatos que se deram depois, imagino os berros de meu pai, a zanga terrível, a minha tremura infeliz. Provavelmente fui sacudido. O assombro gelava-me o sangue, escancarava-me os olhos.

Onde estava o cinturão? Impossível responder. Ainda que tivesse escondido o infame objeto, emudeceria, tão apavorado me achava. Situações deste gênero constituíram as maiores torturas da minha infância, e as consequências delas me acompanharam.

O homem não me perguntava se eu tinha guardado a miserável correia: ordenava que a entregasse imediatamente. Os seus gritos me entravam na cabeça, nunca ninguém se esgoelou de semelhante maneira.

Onde estava o cinturão? Hoje não posso ouvir uma pessoa falar alto. O coração bate-me forte, desanima, como se fosse parar, a voz emperra, a vista escurece, uma cólera doida agita coisas adormecidas cá dentro. A horrível sensação de que me furam os tímpanos com pontas de ferro.

Onde estava o cinturão? A pergunta repisada ficou-me na lembrança: parece que foi pregada a martelo.

A fúria louca ia aumentar, causar-me sério desgosto. Conservar-me-ia ali desmaiado, encolhido, movendo os dedos frios, os beiços trêmulos e silenciosos. Se o moleque José ou um cachorro entrasse na sala, talvez as pancadas se transferissem. O moleque e os cachorros eram inocentes, mas não se tratava disto. Responsabilizando qualquer deles, meu pai me esqueceria, deixar-me-ia fugir, esconder-me na beira do açude ou no quintal.

Minha mãe, José Baía, Amaro, sinhá Leopoldina, o moleque e os cachorros da fazenda abandonaram-me. Aperto na garganta, a casa a girar, o meu corpo a cair lento, voando, abelhas de todos os cortiços enchendo-me os ouvidos — e, nesse zumzum, a pergunta medonha. Náusea, sono. Onde estava o cinturão? Dormir muito, atrás de caixões, livre do martírio.

Havia uma neblina, e não percebi direito os movimentos de meu pai. Não o vi aproximar-se do torno e pegar o chicote. A mão cabeluda prendeu-me, arrastou-me para o meio da sala, a folha de couro fustigou-me as costas. Uivos, alarido inútil, estertor. Já então eu devia saber que gogos e adulações exasperavam o algoz. Nenhum socorro. José Baía, meu amigo, era um pobre-diabo.

Achava-me num deserto. A casa escura, triste; as pessoas tristes. Penso com horror nesse ermo, recordo-me de cemitérios e de ruínas mal-assombradas. Cerravam-se as portas e as janelas, do teto negro pendiam teias de aranha. Nos quartos lúgubres minha irmãzinha engatinhava, começava a aprendizagem dolorosa.

Junto de mim, um homem furioso, segurando-me um braço, açoitando-me. Talvez as vergastadas não fossem muito fortes: comparadas ao que senti depois, quando me ensinaram a carta de A B C, valiam pouco. Certamente o meu choro, os saltos, as tentativas para rodopiar na sala como carrapeta eram menos um sinal de dor que a explosão do medo reprimido. Estivera sem bulir, quase sem respirar. Agora esvaziava os pulmões, movia-me num desespero.

O suplício durou bastante, mas, por muito prolongado que tenha sido, não igualava a mortificação da fase preparatória: o olho duro a magnetizar-me, os gestos ameaçadores, a voz rouca a mastigar uma interrogação incompreensível.

Solto, fui enroscar-me perto dos caixões, coçar as pisaduras, engolir soluços, gemer baixinho e embalar-me com os gemidos. Antes de adormecer, cansado, vi meu pai dirigir-se à rede, afastar as varandas, sentar-se e logo se levantar, agarrando uma tira de sola, o maldito cinturão, a que desprendera a fivela quando se deitara. Resmungou e entrou a passear agitado. Tive a impressão de que ia falar-me: baixou a cabeça, a cara enrugada serenou, os olhos esmoreceram, procuraram o refúgio onde me abatia, aniquilado.

Pareceu-me que a figura imponente minguava — e a minha desgraça diminuiu. Se meu pai se tivesse chegado a mim, eu o teria recebido sem o arrepio que a presença dele sempre me deu. Não se aproximou: conservou-se longe, rondando, inquieto. Depois se afastou.

Sozinho, vi-o de novo cruel e forte, soprando, espumando. E ali permaneci, miúdo, insignificante, tão insignificante e miúdo como as aranhas que trabalhavam na telha negra.

Foi esse o primeiro contato que tive com a justiça.

(In: Italo Moricone (Org.). *Os cem melhores contos brasileiros do século*. Rio de Janeiro: Objetiva, 2001. p. 144-146.)

algoz: carrasco, executor da pena.
bulir: mover-se, deslocar-se, agitar-se.
carrapeta: pequeno pião que gira a partir da pressão feita pela ponta dos dedos.
estertor: respiração ruidosa.
exasperar: irritar, enfurecer.
flagelação: açoitamento, tortura física ou moral.
lanho: ferimento, marca de açoite na pele.
nodoso: cheio de nó.
turco: espécie de arbusto da região da caatinga do Nordeste brasileiro.
vergastada: golpe que lembra uma chicotada.

Quem é Graciliano Ramos?

Graciliano Ramos (1892-1953) nasceu em Quebrangulo, Alagoas. Foi contista e romancista e denunciou em suas obras os problemas sociais da região Nordeste decorrentes da seca, do coronelismo e do latifúndio. Durante o governo de Getúlio Vargas, foi preso, acusado de ser simpatizante do Partido Comunista. Escreveu várias obras, entre elas *Vidas secas*, a mais conhecida, *São Bernardo*, *Memórias do cárcere* e *Infância*.

O conto "Um cinturão" integra o livro de contos *Infância*, no qual o escritor mistura elementos biográficos com elementos ficcionais.

Reprodução/Arquivo Nacional

1. Observe como se posiciona o narrador no conto.

a) A narração é feita em 1ª pessoa ou em 3ª pessoa? Justifique sua resposta.

____

____

____

b) Em relação ao modo como o narrador se posiciona diante dos fatos que narra, marque o item que caracteriza melhor o procedimento adotado no conto lido.

( ) O narrador se posiciona como criança, que narra o que lhe acontece no momento da ocorrência dos fatos.

( ) O narrador, durante toda a narração, vê os fatos com a visão crítica do adulto, distanciado pelo tempo.

( ) O narrador mistura perspectivas, ora captando a atmosfera da situação com o olhar ingênuo da criança, ora com a visão crítica do adulto.

2. O narrador faz referência a outras situações em que provavelmente figurou na mesma condição.

a) Nessas ocasiões, qual era o comportamento dos pais do narrador em relação a ele?

____

____

b) Por que, entretanto, esse episódio com o pai foi o mais doloroso para o narrador e lhe deixou uma "funda impressão"?

____

____

____

____

3. Ao longo da história, o narrador emprega algumas expressões que conotam certa vagueza ou imprecisão como "Eu devia ter quatro ou cinco anos", "não me lembro da ferrugem", "Devo ter pensado nisso", "Juntando vagas lembranças", "Havia uma neblina".

A que se deve o emprego de expressões como essas no texto? Que sentido é construído com elas?

____

____

____

____

____

4. O trecho "Paredes extraordinariamente afastadas, rede infinita, os armadores longe, e meu pai acordando, levantando-se de mau humor" mostra a perspectiva da criança ou do narrador adulto? Justifique sua resposta.

5. O desaparecimento do cinturão do pai do narrador motivou a cena de violência descrita no conto.

a) O que mais impressionava a criança nessa cena? Justifique sua resposta com um trecho do texto.

b) Considerando o trecho "Eu não sabia, mas era difícil explicar-me: atrapalhava-me, gaguejava, embrutecido, sem atinar com o motivo da raiva", responda: O que explica a incapacidade do menino de se comunicar com o pai nesse momento?

6. Observe o modo como o narrador se refere ao pai nestes trechos:

- "O homem não me perguntava se eu tinha guardado a miserável correia"
- "Junto de mim, um homem furioso, segurando-me um braço, açoitando-me."

Considerando a gravidade da cena, que efeito de sentido é criado pelo emprego da palavra **homem**, nesses trechos, em vez de **pai**?

Thais Circelli/Arquivo da editora

7. Pelo texto, depreende-se que, além do narrador e de seu pai e sua mãe, viviam na casa José Baía, Amaro, sinhá Leopoldina, o "moleque" e a irmã menor.

a) Qual foi a reação dos demais membros da casa no momento da surra? Levante hipóteses: Por que agiram assim?

b) Interprete o trecho a seguir, levando em conta a relação entre o pai do narrador e os demais habitantes da casa:

> "Achava-me num deserto. A casa escura, triste; as pessoas tristes. [...] Nos quartos lúgubres minha irmãzinha engatinhava, começava a aprendizagem dolorosa."

8. Releia estes trechos do conto:

- "Situações deste gênero constituíram as maiores torturas da minha infância, e as consequências delas me acompanharam."
- "Hoje não posso ouvir uma pessoa falar alto. O coração bate-me forte, desanima, como se fosse parar, a voz emperra, a vista escurece"

Na avaliação do narrador, que consequências essa experiência na infância traz para o homem adulto?

9. No trecho "Talvez as vergastadas não fossem muito fortes: comparadas ao que senti depois, quando me ensinaram a carta de A B C, valiam pouco", o narrador compara a surra que levara do pai ao que sentiu quando lhe "ensinaram a carta de A B C", ou seja, quando foi alfabetizado. Levante hipóteses: Por que a alfabetização do narrador poderia ter sido tão dolorida e traumatizante?

10. O texto apresenta um final surpreendente, que acentua ainda mais o caráter dramático do conto.

a) Afinal, onde estava o cinturão?

____

b) Por que, ao perceber onde estava o cinto, o pai do narrador agiu de forma fria e distanciada?

____

____

11. O conto se inicia com a frase "As minhas primeiras relações com a justiça foram dolorosas [...]" e termina com a frase "Foi esse o primeiro contato que tive com a justiça".

a) Que palavras do conto remetem a situação vivida pelo narrador ao campo semântico criminal? Que contribuição essas palavras dão para a construção da história e para a caracterização psicológica das personagens?

____

____

____

b) Levante hipóteses: Partindo dessa experiência da infância, que visão da justiça o narrador levou para a fase adulta?

____

____

____

____

12. Diferentemente da crônica, que costuma abordar personagens e fatos do cotidiano de modo exterior ou social, o conto normalmente apresenta uma dimensão interior e psicológica mais aprofundada. Isso se verifica no conto em estudo? Justifique sua resposta.

____

____

____

____

____

Conflito: a mola-mestra na narrativa

Em Clichy, um mendigo de setenta anos, Verniot, morreu. Dois mil francos estavam escondidos em seu colchão.

Esse texto apresenta uma história completa, pois tem os elementos fundamentais de uma narrativa (fatos, personagens, lugar, tempo). Entretanto, é um texto comum, não atrai o leitor, porque falta nele algo inquietante, que causa surpresa. Em outras palavras, falta nele o conflito. O conflito é qualquer elemento da história que se opõe a outro, criando uma tensão que organiza os fatos narrados e, consequentemente, prende a atenção do leitor ou do ouvinte.

Leia a seguir a mesma história, agora com o conflito:

Em Clichy, um mendigo de setenta anos, Verniot, morreu de fome. Dois mil francos estavam escondidos em seu colchão. Contudo, não devemos generalizar.

(Félix Fénéon. In: Luzia de Maria R. Reis. *O que é conto*. São Paulo: Brasiliense, 1984. p. 27.)

Thais Circelli/ Arquivo da editora

13. O conto normalmente apresenta diálogos, em discurso direto ou indireto. O conto lido, entretanto, não apresenta diálogos. Interprete: Que relação esse dado pode ter com a dimensão psicológica do texto, observada na questão anterior, e com o sentido mais geral do texto?

14. O título do conto é "Um cinturão", e não "O cinturão". Troque ideias com os colegas: Que sentido o emprego do artigo indefinido **um** atribui ao título? Que diferença de sentido haveria se fosse "O cinturão"?

15. O conto normalmente apresenta tempo e espaço relativamente reduzidos.

a) Em que lugar ocorrem os fatos?

b) Levante hipóteses: Quanto tempo se passa do início ao fim da história?

c) Além do tempo dos fatos ocorridos, há no conto o tempo histórico. É possível precisá-lo no texto? Por quê?

Estrutura clássica dos contos

As narrativas de estrutura clássica costumam apresentar os fatos da história na seguinte sequência:

- **Situação inicial:** apresentação das personagens no início da história — quem são, o que fazem, como vivem, etc.
- **Aparecimento do conflito:** é o "problema" (dificuldade, desejo ou ideal) que desestabiliza a situação inicial e leva as personagens à ação, a fim de resolver o conflito.
- **Ação:** é a parte que reúne os principais fatos da história. Apresenta três subpartes, que podem estar menos ou mais explícitas:
  - **Início da ação:** as personagens iniciam uma tentativa de resolver o conflito.
  - **Clímax da ação:** momento em que o conflito chega ao ponto máximo.
  - **Declínio da ação:** momento posterior à resolução do conflito.
- **Desfecho:** momento posterior à ação, em que as personagens voltam à situação inicial do conto.

16. Você já aprendeu, no 6º ano, a estrutura clássica do conto. Recorde como ela é lendo o boxe acima. Nos contos modernos, como o de Graciliano Ramos, os autores nem sempre seguem à risca essa estrutura.

Troque ideias com o professor e os colegas, discutindo até que ponto o conto lido segue a estrutura convencional, e identifique principalmente os itens a seguir:

a) a situação inicial

____

b) o conflito

____

____

c) o clímax

____

____

d) desfecho

____

____

17. Observe a linguagem do conto lido.

a) Que tipo de variedade linguística foi empregada?

____

____

b) Que tempos verbais predominam?

____

____

18. Reúna-se com seus colegas de grupo e, juntos, concluam: Quais são as características básicas do conto? Respondam levando em conta os critérios a seguir.

- finalidade do gênero:

- perfil dos interlocutores:

- suporte/veículo:

- tema:

- estrutura:

- linguagem:

Agora é a sua vez

Como você já sabe, ao final desta unidade, você e seus colegas vão participar da mostra **De conto em conto**, na qual vão fazer o lançamento de um livro ou de um *blog* com os contos da classe. Vamos, então, produzir o primeiro conto para a mostra. Escolha uma das propostas a seguir.

1. Leia a introdução de três contos de escritores brasileiros. Escolha um deles e dê continuidade à narrativa.

Texto 1

Sabia que era perigoso. Caminhar sozinha numa cidade assim, desconhecida, e ainda por cima num país árabe, sendo ela uma mulher, uma estrangeira, era um desafio imponderável, um sorriso de escárnio diante da sorte — mas não pudera evitar. Saíra, simplesmente. Num impulso. [...]

(Heloísa Seixas. Ritual. In: *Ficções — Feminino*. São Paulo: Sesc-SP/Lazuli, 2003. p. 63.)

Texto 2

Só, condenado a si mesmo, fora do mundo, o espião espia. Eis um casarão cinzento, janelas quadradas, muro faiscante de caco de vidro. Posto não o deseje, conhece os eventos principais do edifício, cujas letras na fachada — porventura o nome de um santo — não consegue distinguir, cada vez mais míope. Surpreendeu o pai chegando com a menina pela mão. Alto, bigode grisalho, manta de lã ao pescoço, grandes botas. A menina, quatro anos, miúda, perna tão fina, um espanto que ficasse em pé. A mãozinha suada — o espião podia supor, pelo seu tipo nervoso, que a menina, emocionada porque se despedia do pai, tivesse a mão úmida de terror — apertava um pacote, amarrado com barbante grosseiro, onde trazia todos os bens: muda de roupa, e quem sabe, punhado de bala azedinha.

Empertigado, o pai conversava com a freira de óculo. Explicava — assim imaginou o espião na sua torre — que [...].

Jean Galvão/Arquivo da editora

(Dalton Trevisan. O espião. In: *Cemitério de elefantes*. Rio de Janeiro: Record, 1997. p. 31.)

Texto 3

Era um início de tarde, quando o calor atinge seu ponto máximo, a água da bica é quente, o asfalto das ruas é grudento e não se percebe a mais leve brisa no céu sem nuvens.

O menino estava sentado no degrau do portão da casa com os pés na calçada, os cotovelos apoiados nos joelhos e as mãos em vê segurando o queixo. Vestia short e camiseta e calçava sandálias. Devia ter sete ou oito anos de idade e olhava as coisas com lentidão, os olhos castanhos parecendo derreter sob o sol de verão. Não olhava a rua como se estivesse à espera de alguém, olhava a calçada fronteira pelo simples fato de que era para aquela direção que estava voltada a cabeça apoiada entre as mãos. Parecia estar à espera de alguma coisa que sabia demorar muito a chegar. [...]

(Luiz Alfredo Garcia-Roza. Meio-dia. In: *Boa companhia — Contos*. São Paulo: Companhia das Letras, 2003. p. 63.)

2. Escreva um conto sobre o tema que preferir. Você poderá criar livremente as personagens e situá-las no tempo e no espaço que julgar mais adequados.

Planejamento do texto

- Tenha em mente que seu conto será lido por colegas, professores, familiares e amigos, pois ele fará parte de um livro ou de um *blog* que a classe vai produzir e expor na mostra **De conto em conto**, proposta no capítulo **Oficina de Criação** desta unidade.
- Antes de escrever, imagine primeiramente quem são as personagens do conto, quando e onde elas vivem. Depois, pense nas relações entre elas e o que poderia gerar o conflito, ou seja, um problema cuja solução justifica contar a história.
- Pense de que forma pode resolver o conflito e como finalizar a história, se com um final feliz, trágico, surpreendente, "em aberto", etc.
- Planeje a organização dos fatos, estruturando o enredo em partes (introdução, conflito, clímax e desfecho) ou encontrando uma maneira de subverter essa estrutura. No caso de você ter escolhido um dos inícios sugeridos, a introdução já está feita.
- Decida o ponto de vista que vai adotar para narrar a história: se em 1ª ou em 3ª pessoa.
- Pense em como prender a atenção do leitor: construindo um clima de suspense, trabalhando descrições detalhadas e atraentes, utilizando figuras de linguagem, etc.
- Empregue uma variedade de acordo com a norma-padrão da língua, ou outra, dependendo do perfil do narrador e das personagens.

Revisão e reescrita

Antes de finalizar seu conto, observe:

- se ele é uma narrativa ficcional curta;
- se apresenta poucas personagens, poucas ações e tempo e espaço bem reduzidos;
- se as personagens são mais densas e aprofundadas psicologicamente do que na crônica;
- se o enredo está estruturado em introdução, conflito, clímax e desfecho (ou se subverte intencionalmente essa estrutura);
- se a narrativa consegue atrair a atenção do leitor e surpreendê-lo em algum momento;
- se a linguagem empregada está de acordo com a norma-padrão ou com o perfil do narrador e das personagens.

Faça as alterações necessárias, passe o texto a limpo e troque-o com um colega, a fim de que um leia e comente o que o outro escreveu. Se julgar conveniente, faça novas alterações e guarde seu conto para publicá-lo no livro ou no *blog* que a classe montará no final da unidade.

Conto e relato

"[...] o contar não é simplesmente um relatar de acontecimentos ou ações. Pois relatar implica que o acontecido seja trazido outra vez, isto é: *re* (outra vez) mais *latum* (trazido) [...]. Por vezes é trazido outra vez por alguém que ou foi testemunha ou teve notícia do acontecido.

O conto, no entanto, não se refere só ao acontecido. Não tem compromisso com o evento real. Nele, realidade e ficção não têm limites precisos. Um relato, copia-se; um conto, inventa-se [...]"

(Nádia Battella Gotlib. *Teoria do conto*. 5. ed. São Paulo: Ática, 1990. p. 12.)

Para escrever com expressividade

O discurso indireto livre

Você já aprendeu que um texto narrativo ficcional pode apresentar diferentes vozes e que o discurso direto e o discurso indireto são alguns dos procedimentos utilizados pelo narrador para inserir no texto o discurso das personagens.

Releia este trecho do conto estudado neste capítulo:

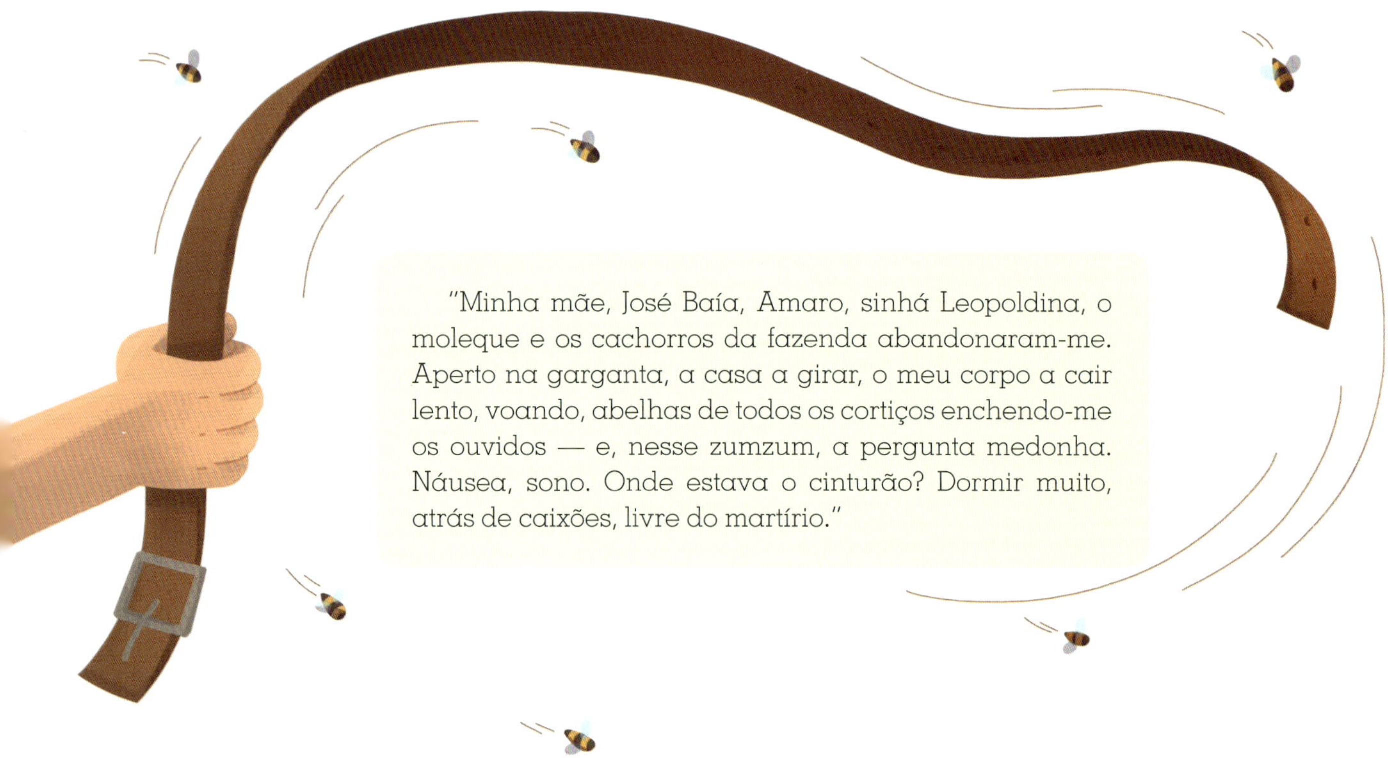

"Minha mãe, José Baía, Amaro, sinhá Leopoldina, o moleque e os cachorros da fazenda abandonaram-me. Aperto na garganta, a casa a girar, o meu corpo a cair lento, voando, abelhas de todos os cortiços enchendo-me os ouvidos — e, nesse zumzum, a pergunta medonha. Náusea, sono. Onde estava o cinturão? Dormir muito, atrás de caixões, livre do martírio."

Thais Circelli/Arquivo da editora

1. No trecho, é possível identificar mais de uma voz. Reconheça nele:

a) a voz do narrador adulto;

____

____

____

____

b) a voz do pai do narrador;

____

____

____

c) pensamentos do narrador quando menino.

2. Há, no texto:

a) travessões para indicar, em discurso direto, a fala das personagens?

b) verbos *dicendi* para indicar, em discurso indireto, o que a personagem estava falando ou pensando?

c) mudança no tempo verbal em alguma das falas das personagens? Se sim, qual?

No trecho lido, você viu que Graciliano Ramos manipulou com perfeição as vozes dos discursos envolvidos. Por um lado, a voz do narrador adulto, descrevendo a cena de violência. Por outro, a voz insistente do pai perguntando pelo cinturão. E, por outro, os pensamentos da criança, que desejava que tudo acabasse logo para que pudesse dormir.

Note que, para inserir a voz do pai e os pensamentos da criança, o narrador não empregou verbos *dicendi* (**falou**, **gritou**, **pensou**, etc.), nem conectivos (**que**, **se**, **onde**), nem sinais de pontuação (dois-pontos, aspas), como é habitual no discurso direto e no indireto. A única marca de discurso indireto nesse trecho é o emprego da forma verbal **estava**, já que a forma usada no discurso direto é **está**.

A essa forma de inserir a voz das personagens no discurso do narrador, chamamos **discurso indireto livre** ou **discurso semi-indireto**. Trata-se de um recurso utilizado por alguns escritores na ficção moderna quando se deseja captar o mundo interior das personagens. Graciliano Ramos, José Lins do Rego, Guimarães Rosa, entre outros, são considerados mestres na técnica do discurso indireto livre.

Compare os três tipos de discurso:

- **discurso direto:** A criança pensou: "Quero dormir muito atrás de caixões e ficar livre do martírio".
- **discurso indireto:** "A criança pensou que queria dormir muito atrás de caixões e ficar livre do martírio."
- **discurso indireto livre:** "Dormir muito, atrás de caixões, livre do martírio."

Exercícios

Leia este texto:

A presença

Uma velhinha de gargantilha lilás cruzou o saguão na sua cadeira de rodas empurrada por uma calma enfermeira de touca; ia gesticulando, brava, deixando escapar resmungos por entre as gengivas duras enquanto a outra seguia atrás, voltando-se para os lados e sorrindo [...]. O recém-chegado fez uma profunda reverência na direção de ambas e voltou-se para o porteiro que mostrava num sorriso constrangido a dentadura opaca. Quer dizer que insistia mesmo em ficar? Bem, tinha um apartamento bastante ensolarado no segundo andar, dando para a piscina. "Espero que o senhor fique satisfeito", acrescentou enquanto fazia sinal para um velho de avental até os joelhos, por favor, podia conduzir o novo hóspede? Em largas passadas o jovem galgou os degraus de veludo vermelho e foi esperar o empregado lá em cima, segurando a mala que em vão o velho tentou levar. Quando entrou no apartamento seguido pelo empregado com seu molho de chaves, aspirou com uma expressão de prazer o esmaecido perfume que parecia vir dos móveis antiquados, lavanda? E perguntou enquanto abria a mala se por ali não havia fantasmas, sempre sonhara com um hotel de fantasmas. Os fantasmas somos nós, respondeu-lhe o velho e ele riu alto. [...]

Jean Galvão/Arquivo da editora

(*Os melhores contos de Lygia Fagundes Telles*. São Paulo: Global, 2000. p. 163.)

1. Releia estes trechos do texto:

- "Espero que o senhor fique satisfeito", acrescentou [...]
- Os fantasmas somos nós, respondeu-lhe o velho [...]
- E perguntou enquanto abria a mala se por ali não havia fantasmas, sempre sonhara com um hotel de fantasmas.

a) De quem são as falas "Espero que o senhor fique satisfeito" e "Os fantasmas somos nós"? Foi utilizado algum recurso formal para separar essas falas da fala do narrador? Elas estão em discurso direto ou em discurso indireto?

___

___

___

b) De quem é a fala "se por ali não havia fantasmas, sempre sonhara com um hotel de fantasmas"? Ela está em discurso direto ou em discurso indireto?

___

___

2. Releia os seguintes trechos do texto, observando neles a presença de mais de um discurso: o do narrador e o das personagens.

- O recém-chegado [...] voltou-se para o porteiro que mostrava num sorriso constrangido a dentadura opaca. Quer dizer que insistia mesmo em ficar? Bem, tinha um apartamento bastante ensolarado no segundo andar, dando para a piscina.
- [...] enquanto fazia sinal para um velho de avental até os joelhos, por favor, podia conduzir o novo hóspede?
- [...] aspirou com uma expressão de prazer o esmaecido perfume que parecia vir dos móveis antiquados, lavanda?

a) Indique onde começa e onde termina o discurso do narrador em cada um dos trechos.

____

____

____

____

b) Identifique as frases que podem ser atribuídas às personagens.

____

____

____

____

____

3. Sobre as falas das personagens:

a) Elas são antecedidas por travessão ou estão entre aspas?

____

b) Elas são introduzidas pela conjunção **que** ou **se** ou por verbos de elocução (**dizer**, **falar**, **pensar**, **comentar**)?

____

c) Conclua: As falas das personagens são predominantemente introduzidas por meio de qual tipo de discurso: direto, indireto ou indireto livre?

____

Jean Galvão/Arquivo da editora

4. A escolha de um ou outro tipo de discurso nos gêneros narrativos ficcionais está vinculada ao sentido que se pretende construir. No texto "A presença", que efeito de sentido é criado pela mistura de diferentes tipos de voz ou de discurso?

5. Leia o texto a seguir, de Fernando Sabino:

O carro começou a ratear. Levei-o ao Pepe, ali na oficina da Rua Francisco Otaviano:

— Pepe, o carro está rateando.

Pepe piscou um olho:

— Entupimento na tubulação. Só pode ser.

Deixei o carro lá. À tarde fui buscar.

— Eu não dizia? Defeito na bomba de gasolina.

— Você dizia entupimento na tubulação.

— Botei um diafragma novo, mudei as válvulas.

Estendeu-se a conta: de meter medo. Mas paguei.

— O carro não vai me deixar na mão? Tenho de fazer uma viagem.

— Pode ir sem susto, que agora está o fino.

Jean Galvão/Arquivo da editora

(A quem tiver carro. In: *Elenco de cronistas modernos*. 12. ed. Rio de Janeiro: José Olympio, 1992. p. 86.)

Reescreva o texto, transformando, na maior parte das situações, o discurso direto em indireto. Em algumas situações, tente empregar o discurso indireto livre.

CAPÍTULO 2

O CONTO – O TEMPO E O ESPAÇO

O gênero em foco

Leia este conto, de Luiz Vilela:

Circo

Thais Circelli/Arquivo da editora

Eu estava no terreiro brincando quando escutei os foguetes e a voz do homem falando no alto-falante, e então fui correndo pra rua gritando: o circo chegou! o circo chegou! Ele já estava na esquina e eu trepei no muro pra ver ele passar e então ele veio passando com a perua de alto-falante na frente de tudo, depois o palhaço comprido de pernas de pau tocando um tamborzinho, pim pim pim, e o palhaço anãozinho tocando um tamborzão, pom pom pom, era engraçado, depois a moça bonita que era a moça do trapézio junto com o homem do trapézio no jipe enfeitado com fitas de muitas cores, depois a jaula com o leão desenhada com soldadinhos de cara gordinha, o leão deitado só olhando, era de fazer medo na gente, e depois atrás de tudo o elefante cor de barro andando pesadão, balançando a cabeça, e eu gritei: ô elefantão! e desci do muro e fui pro meio da meninada andar atrás dele, que parecia muito mansinho, e eu quis encostar a mão nele, mas não encostei de medo dele fazer alguma coisa, mas o Perereca encostou e ele não fez nada, só que o preto de cara ruim que estava perto do elefante falou: mexe nele não, menino.

Mas de tarde lá na praça o preto não estava perto e o Perereca passou a mão de novo no elefante, que estava mastigando cana, e dessa vez eu também passei e ele não fez nada, ele era mesmo muito mansinho [...]

Os homens estavam fincando os paus e amarrando as cordas pra levantar a lona, nunca vi tanta corda. As arquibancadas já estavam quase prontas. A perua com alto-falante estava lá, o jipe também e a jaula com o leão e outras jaulas que estavam cobertas com lona e eu não vi que bichos que eram. A moça e o homem do trapézio mais os palhaços eu não vi, fiquei lá até a hora da janta, mas não vi eles.

Quem vai sábado no circo? — Papai falou e eu gritei: eu!

Regina, você acha que eu devo levar esse menino feio no circo? — ele falou, e Mamãe, rindo daquele jeito bonito, com os olhos meio fechados, falou: cuidado com o arroz, está muito quente, vocês vão queimar a boca.

Não sei se eu levo esse menino feioso no circo — Papai falou. Leva sim! — eu gritei. Leva sim!

Eles começaram a conversar noutra coisa, eu queria saber se Papai ia mesmo me levar no circo e perguntei e Mamãe falou: vai sim, meu filho, ele já falou que vai, agora come seu almoço — e eles continuaram a conversar e eu fiquei pensando no circo e estava tão alegre que perdi a fome, e de noite sonhei com ele, e quando foi sexta-feira de noite eu sonhei de novo, sonhei que o elefante estava brincando de correr comigo, Perereca e Marico, e depois nós três estávamos montados nele andando pela rua com todo mundo olhando pra nós admirados e falando assim: olhem os meninos!

De manhã eu já não aguentava mais esperar, e quando Papai chegou pro almoço eu quis logo falar: e o circo? — mas ele não estava com a cara muito boa e eu não falei nada, fiquei esperando ele mesmo falar alguma coisa, mas ele também não falou nada sobre o circo, ficou falando sobre a loja e os empregados. Seu rosto parecia cansado, sua barba estava crescida. Mamãe de vez em quando falava: eu te falei, João, eu te falei. E Papai falava: eu sei, Regina — e sacudia a cabeça e apertava as sobrancelhas. E teve uma hora que ele ficou muito vermelho e falou: basta! — e depois disso nenhum dos dois falou mais nada e eu não falei nada nem ninguém falou nada sobre o circo.

Já eram mais de duas horas quando Perereca e Marico passaram na rua, e Perereca falou: vamos pro circo. Eu falei que ia com Papai, e Marico falou: então a gente se encontra lá depois — e eles foram pela rua chutando uma latinha velha, passando um pro outro, e eu tive vontade de ir com eles também, eu já não aguentava mais esperar, e quando as músicas do circo começaram a tocar aí é que eu não aguentava mesmo. Mas Papai ainda não tinha falado nada e eu pensei: será que ele esqueceu? Mas pensei: ele vai ouvir as músicas e lembrar. E quando escutei ele saindo do quarto pensei: ele lembrou e vem me chamar — e fiquei doido de alegria, meu coração batia disparado.

Mas ele tinha parado na sala.

— Regina, você não pegou meu terno no tintureiro não? — ele falou com Mamãe, que estava na cozinha.

— Seu terno? Ô, João... esqueci...

— Esqueceu?

— Esqueci...

— Não te falei pra pegar ele lá?

— Mas eu esqueci, João; tenho culpa de esquecer?

— Te falei mais de três vezes. E agora, como que eu vou à reunião amanhã?

Papai tinha ido pra cozinha também.

— E o terno que está com você?

Thais Circelli/Arquivo da editora

— Esse terno? Sujo e amarrotado desse jeito? Tem graça.

— Tem graça é você ficar fazendo esse pampeiro por causa de um terno. Já disse que esqueci. Não foi porque eu quis, não tenho culpa.

— Você está precisando de tomar fosfato, sabe? te falei, tornei a falar mais de três vezes. Com esse terno que eu não vou.

[...]

Papai foi pro escritório.

O relógio da copa bateu duas e meia. Faltava só meia hora pro circo.

Fui no escritório. Papai estava escrevendo na caderneta. Papai — falei. Quê que é — ele falou, mas não parou de escrever. O senhor está esquecendo de uma coisa — falei meio rindo. Ele continuou escrevendo e não falou nada, e passado um pouco eu falei de novo: o senhor está esquecendo de uma coisa — mas ele parece que nem estava me escutando e eu fiquei ali quieto. E então falei de novo: Papai — e ele virou tão de repente pra mim que eu assustei e tive medo, e falou: quê que você quer que está aí me amolando o tempo todo? Não vê que eu estou ocupado? Ele ficou olhando pra mim com uma cara que me fez ficar frio. Quê que você quer? — ele falou. O senhor tinha falado — eu falei, minha voz quase não saía. Tinha o quê? — ele falou. Vamos, desembucha, não estou com tempo não. Mas não tinha mais jeito de eu falar, minha voz sumira. Fiquei olhando pro chão porque a cara dele me deixava quase morto de medo. Pronto — ele falou —, rato roeu sua língua, menino? Quê que foi, aconteceu alguma coisa? Ele me agarrou pelos ombros e eu pensei que ele ia me dar um tapa: quando eu estiver falando com você, olhe pra mim, viu? — ele falou. Ele me sacudiu: viu, menino? Eu olhei pra ele. Então, quê que é? — ele falou. Nada — eu falei. Nada? — ele falou, e ficou me olhando e então falou: ara — e me largou e puxou a cadeira pra frente e continuou a escrever e eu voltei pro meu quarto.

O relógio da copa bateu três horas.

As músicas no circo pararam pra começar.

Eu estava pensando no elefante, no leão, nos palhaços, na moça bonita e no homem do trapézio, e minha vista foi embaçando e minha garganta foi ficando apertada.

Ele tinha falado, ele tinha falado que ia me levar.

(*Contos da infância e da adolescência*. São Paulo: Ática, 2011. p. 30.)

Quem é Luiz Vilela?

Luiz Vilela nasceu em Ituiutaba, MG, em 1942. Estudou Filosofia na Universidade Federal de Minas Gerais e, aos 24 anos, publicou sua primeira obra, *Tremor de terra*.

De lá para cá, já publicou mais de 20 livros, entre contos, romances e novelas. Ganhou vários prêmios, entre eles o Jabuti.

Contos da infância e da adolescência e *Boa de garfo* são algumas de suas obras.

Milton Mansilha/Agência Estado

1. A respeito do narrador do conto "Circo", responda:

a) De que tipo ele é: narrador-observador ou narrador-personagem?

b) O que caracteriza esse tipo de narrador?

____

____

____

2. Há, no conto, dois espaços bem-definidos: o da rua e o da casa.

a) O que caracteriza o espaço da rua?

____

____

b) E o espaço da casa?

____

____

c) Em qual desses espaços se situa o circo?

____

____

3. O início do conto consiste na descrição da chegada do circo à cidade.

a) De que ponto de vista é descrito esse evento?

____

____

b) Releia este trecho do conto:

> "[...] depois a moça bonita que era a moça do trapézio junto com o homem do trapézio no jipe enfeitado com fitas de muitas cores, depois a jaula com o leão desenhada com soldadinhos de cara gordinha, o leão deitado só olhando, era de fazer medo na gente [...]"

Além de descrever o desfile das personagens do circo, o trecho possibilita perceber aspectos do mundo interior do narrador. Que emoção do narrador fica evidenciada no trecho?

____

____

c) Que recurso de linguagem infantil o narrador utiliza para indicar a emoção do narrador diante da sucessão de atrações que ele via passar?

____

____

4. Compare a pontuação do 1º e do 3º parágrafos. Observe que, no 1º parágrafo, predomina a vírgula e, no 3º, o ponto. Levante hipóteses: Qual é a relação entre a pontuação e o assunto de cada parágrafo?

Thais Circelli/Arquivo da editora

5. Em casa, a ansiedade do menino aumenta depois da alusão do pai à intenção de levar o filho ao circo.

a) O pai se compromete em levar o filho ao circo? Que comportamento dos pais cria insegurança no menino?

b) De que outra forma, fora da realidade, a ansiedade e o forte desejo do menino também se manifestam?

6. O conflito é uma oposição entre elementos da história da qual resulta uma tensão.

a) Em que momento da história há tensão?

b) Nesse momento, quando a tensão é maior?

c) Na história, quais interesses se opõem, criando tensão?

7. No conto lido, o tempo cronológico é bem-definido.

a) Quanto tempo se passa da chegada do circo até a estreia dele?

b) No dia da estreia do circo, como o tempo é indicado na narrativa?

Thais Circelli/Arquivo da editora

8. Releia este trecho do conto:

> "[...] e eles foram pela rua chutando uma latinha velha, passando um pro outro, e eu tive vontade de ir com eles também, eu já não aguentava mais esperar, e quando as músicas do circo começaram a tocar aí é que eu não aguentava mesmo. Mas Papai ainda não tinha falado nada e eu pensei: será que ele esqueceu? Mas pensei: ele vai ouvir as músicas e lembrar."

No trecho, há uma introspecção psicológica da personagem, ou seja, o narrador mostra seu mundo interior, isto é, seus pensamentos, desejos e dúvidas. Nessa situação, o tempo interior da personagem coincide com o tempo cronológico? Por quê?

9. O desfecho do conto se dá com a volta do menino para o seu quarto. Que sentimentos ele experimenta nesse momento?

10. O conto "Um cinturão", de Graciliano Ramos, que você leu no capítulo anterior, também narrava uma história familiar. Compare os dois contos e responda: Que semelhanças e diferenças existem entre os contos quanto ao relacionamento entre pai e filho?

11. Releia este trecho do conto "Circo":

> "Quem vai sábado no circo? — Papai falou e eu gritei: eu!
> Regina, você acha que eu devo levar esse menino feio no circo? — ele falou [...].
> Não sei se eu levo esse menino feioso no circo [...]"

Como você vê a fala do pai em relação aos sentimentos dele pelo filho? Ela confirma ou nega sua resposta à questão 10? Por quê?

12. Releia a última frase do texto:

> "Ele tinha falado, ele tinha falado que ia me levar."

a) Essa frase representa:

( ) a fala do narrador adulto.
( ) um pensamento da criança.
( ) a fala da criança.
( ) um pensamento do narrador adulto.

b) Que tipo de discurso foi empregado nessa frase?

____

c) Que efeito de sentido essa escolha acrescenta à narrativa?

____

____

O tempo

Os fatos de uma narrativa relacionam-se com o tempo em três níveis:

Época em que se passa a história

A época em que se passa a história constitui o pano de fundo para o enredo. No conto "Circo", a história se passa na segunda metade do século XX. Nem sempre essa época coincide com a época em que ocorre a publicação da obra. Em geral, a identificação da época em que se passa a história é feita por meio da observação dos hábitos retratados e de marcas linguísticas presentes no texto. Por exemplo, no conto "Circo", a existência de circos que se deslocavam de cidade em cidade; o uso de terno e gravata no dia a dia; a contabilidade da loja feita à mão, em cadernetas, e não com o uso de computadores; o emprego de expressões como **pampeiro** (conflito, rixa, briga, discussão) e **tomar fosfato** (para ajudar a memória), típicas do século passado.

Tempo cronológico

É o tempo que transcorre na ordem natural dos fatos no enredo. É o tempo relacionado ao enredo linear, ou seja, à ordem em que os fatos ocorrem. Chama-se **cronológico** porque pode ser medido em horas, meses, anos, séculos. No conto "Circo", os fatos acontecem em um período de três dias, de quinta-feira a sábado, e há momentos indicados por horários de almoço e jantar, por batidas de relógio, pelas músicas tocadas no circo antes do início do espetáculo.

Tempo psicológico

É o tempo que transcorre em uma ordem determinada pela vontade, pela memória ou pela imaginação do narrador ou de uma personagem. De acordo com esse tempo, os fatos podem ou não aparecer em uma ordem linear, isto é, coincidente com o tempo cronológico. No conto "Circo", o narrador faz referência a pensamentos, desejos, sentimentos e até a um sonho, que vão aflorando após a chegada do circo.

A técnica do *flashback*

O *flashback* é um recurso narrativo que consiste em voltar no tempo. Nas narrativas em que há tempo psicológico, é muito comum o narrador lançar mão dessa técnica. Observe, a seguir, no início de um conto de Machado de Assis, como se dá a passagem do presente para o passado, ou seja, o *flashback*.

O enfermeiro

Olhe, eu podia mesmo contar-lhe a minha vida inteira, em que há outras coisas interessantes, mas para isso era preciso tempo, ânimo e papel, e eu só tenho papel; o ânimo é frouxo, e o tempo assemelha-se à lamparina de madrugada. Não tarda o sol do outro dia, um sol dos diabos, impenetrável como a vida. Adeus, meu caro senhor, leia isto e queira-me bem; perdoe-me o que lhe parecer mau, e não maltrate muito a arruda, se lhe não cheira a rosas. Pediu-me um documento humano, ei-lo aqui. [...]

Já sabe que foi em 1860. No ano anterior, ali pelo mês de agosto, tendo eu quarenta e dois anos, fiz-me teólogo — quero dizer, copiava os estudos de teologia de um padre de Niterói, antigo companheiro de colégio, que assim me dava, delicadamente, casa, cama e mesa. Naquele mês de agosto de 1859, recebeu ele uma carta de um vigário de certa vila do interior, perguntando se conhecia pessoa entendida, discreta e paciente, que quisesse ir servir de enfermeiro ao coronel Felisberto, mediante um bom ordenado. O padre falou-me, aceitei com ambas as mãos, estava já enfarado de copiar citações latinas e fórmulas eclesiásticas. Vim à corte despedir-me de um irmão, e segui para a vila. [...]

(In: *Crime feito em casa*. Org. de Flávio Moreira da Costa. Rio de Janeiro: Record, 2005. p. 17.)

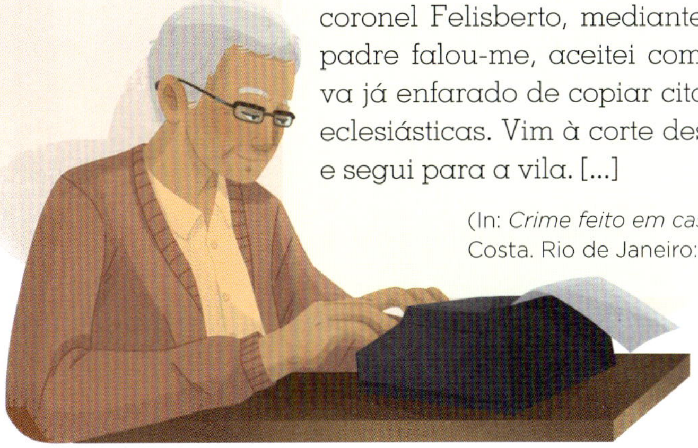

Thais Circelli/Arquivo da editora

O espaço

Os fatos de uma narrativa relacionam-se com o espaço em dois níveis:

Espaço físico ou geográfico

É o lugar onde acontecem os fatos que envolvem as personagens: uma rua movimentada, uma cidade, um cinema, uma escola, um cômodo de uma casa, um barco, etc. O espaço pode ser descrito detalhadamente ou suas características podem aparecer diluídas na narração. No conto "Circo", o espaço físico é a rua, a praça, o terreno onde foi montado o circo e os ambientes da casa do menino.

Espaço social (ambiente)

É o espaço relativo às condições socioeconômicas, morais e psicológicas que dizem respeito às personagens. O espaço social situa as personagens na época, no grupo social e nas condições em que se passa a história. Além disso, ele pode refletir os conflitos vividos pelas personagens ou, ainda, fornecer pistas para o desfecho. No conto "Circo", o espaço social é significativo, pois mostra a oposição entre o espaço de liberdade da rua e o confinamento decorrente da submissão às regras do mundo familiar.

Agora é a sua vez

Como você já sabe, ao final desta unidade, você e seus colegas vão participar da mostra **De conto em conto**, na qual vão fazer o lançamento de um livro ou de um *blog* com os contos da classe. Vamos, então, produzir mais um conto para a mostra. Escolha uma das propostas a seguir.

Proposta 1

Escolha um dos inícios de conto a seguir e dê continuidade à narrativa, empregando o tempo cronológico.

Texto 1

— Você tem outro por dentro...

Foi sua mãe quem lhe disse, pela primeira vez, a frase assustadora. Outra pessoa dentro do seu corpo. E agora essa! Como se não bastassem todos os seus outros terrores. O escuro. A certeza de que tinha um monstro embaixo da sua cama. Banho. Matemática. Leite de magnésia. Roque, o colega de aula maior do que ele, que vivia ameaçando lhe bater. Outro por dentro!

Era tímido. Quieto. Míope desde pequeno. Introspectivo. Mas às vezes fazia coisas que ele mesmo se surpreendia. Travessuras. Maldades com o gato. Atos súbitos de rebeldia. E de coragem também. Agora sabia. Ele era ele, aquele que via no espelho. Um menino sério e bom, incapaz de insultar um mosquito, quanto mais matar uma mosca. O Outro é que fazia loucuras. O monstro não estava embaixo da cama, estava dentro dele.

No começo [...]

(Luis Fernando Verissimo. *Outras do analista de Bagé*. Porto Alegre: L&PM, 1982. p. 75.)

Jean Galvão/Arquivo da editora

Texto 2

Quando menino, costumava apanhar a tesoura da mãe e ia para o quintal, cortando folhas das árvores. Havia mangueiras, abacateiros, ameixeiras, pessegueiros e até mesmo jabuticabeiras. Um quintal enorme, que parecia uma chácara e onde o menino passava o dia cortando folhas. A mãe gostava, assim ele não ia para a rua, não andava em más companhias. E sempre que o menino apanhava o seu caminhão de madeira (naquele tempo, ainda não havia os caminhões de plástico, felizmente) e cruzava o portão, a mãe corria com a tesoura: tome, filhinho, venha brincar com as suas folhas. Ele voltava e cortava. As árvores levavam vantagem, porque eram imensas e o menino pequeno. O seu trabalho rendia pouco, apesar do dia a dia constante, de manhã à noite.

Mas o menino cresceu [...].

(Ignácio de Loyola Brandão. *Cadeiras proibidas — Contos*. Rio de Janeiro: Codecri, 1981. p. 78.)

Jean Galvão/Arquivo da editora

Proposta 2

Escreva um conto a partir de um fato que ocorra no presente: um encontro em uma festa, a confidência de um amigo, um brinquedo achado na rua, o som de uma música assobiada ao longe, uma árvore arrancada num jardim, um casal de namorados se beijando, um garoto ou uma garota desconhecido(a) entrando na classe no primeiro dia de aula, uma fotografia antiga encontrada entre papéis velhos ou na rua, etc.

Desenvolva o enredo de seu conto de forma que lhe permita voltar ao passado, à infância, por exemplo, e, utilizando a técnica do *flashback*, contar algo que lhe tenha ocorrido àquela época. Retorne ao presente e dê um desfecho ao seu conto.

Planejamento do texto e revisão e reescrita

Siga as orientações dadas no capítulo 1 desta unidade, página 63.

Para escrever com expressividade

A descrição

Releia este trecho do conto "Circo", lido no início deste capítulo:

"[...] Ele já estava na esquina e eu trepei no muro pra ver ele passar e então ele veio passando com a perua de alto-falante na frente de tudo, depois o palhaço comprido de pernas de pau tocando um tamborzinho, pim pim pim, e o palhaço anãozinho tocando um tamborzão, pom pom pom, era engraçado, depois a moça bonita que era a moça do trapézio junto com o homem do trapézio no jipe enfeitado com fitas de muitas cores, depois a jaula com o leão desenhada com soldadinhos de cara gordinha, o leão deitado só olhando, era de fazer medo na gente, e depois atrás de tudo o elefante cor de barro andando pesadão, balançando a cabeça [...]."

1. O texto descreve uma cena na qual o circo está chegando à cidade. **Descrição** é a caracterização de uma cena, de uma personagem, de um objeto ou de um lugar ou paisagem. De acordo com essa descrição, como era ou estava:

a) o primeiro palhaço?

___

b) o outro palhaço?

___

c) a moça do trapézio?

___

d) o jipe?

___

e) a jaula do leão?

___

f) o leão?

___

g) o elefante?

___

2. Observe agora as formas verbais destacadas nestes trechos:

- "Ele já **estava** na esquina"
- "depois a moça bonita que **era** a moça do trapézio"
- "o leão deitado só olhando, **era** de fazer medo na gente"

- "e então ele veio **passando** com a perua de alto-falante"
- "o palhaço anãozinho **tocando** um tamborzão"
- "jipe **enfeitado** com fitas de muitas cores"
- "o leão **deitado** só **olhando**"
- "elefante cor de barro **andando**"

a) Quais dessas formas estão no pretérito imperfeito do indicativo?

____

b) Quais delas estão no gerúndio?

____

c) E quais delas estão no particípio?

____

3. Há, no texto, muitas formas verbais no gerúndio. O que explica essa incidência?

____

____

____

4. Que importância tem essa descrição minuciosa da chegada do circo, considerando os fatos posteriores e o desfecho do conto?

____

____

____

____

____

Ao responder às questões anteriores, você notou que, por meio da descrição, conseguimos "ver" o desfile do circo e a movimentação dos artistas e dos animais, imaginar como era a música, etc.

Diferentes gêneros textuais fazem uso da descrição: textos com instruções de montagem, reportagens, anúncios publicitários e, claro, diferentes gêneros da literatura, como o conto, a crônica e o texto teatral. Nos textos literários, a descrição torna as personagens, os lugares e os fatos mais vivos para o leitor ou ouvinte.

Para descrever, podemos empregar **adjetivos** ("bonita", "comprido", "pesadão"), **locuções adjetivas** ("com fitas de muitas cores", "de cara gordinha"), **impressões sensitivas**, como cores, sons, cheiros, gostos, sensações táteis ("pim pim pim", "pom pom pom", "jipe enfeitado com fitas de muitas cores", "cor de barro"), **verbos que indicam estado** ("estava", "era", "parecia") e **indicações de localização** ("na frente de tudo", "a moça do trapézio junto com o homem do trapézio", "e depois atrás de tudo"). Os **gerúndios**, como você viu, também podem ser usados quando se quer dar a ideia de movimento.

Exercícios

1. Junte-se a um ou dois colegas da classe e façam o levantamento dos aspectos próprios da descrição presentes no trecho a seguir de um romance de Machado de Assis: adjetivos e locuções adjetivas, verbos de estado, impressões sensitivas.

Camargo era pouco simpático à primeira vista. Tinha as feições duras e frias, os olhos perscrutadores e sagazes, de uma sagacidade incômoda para quem encarava com eles, o que o não fazia atraente. Falava pouco e seco. Seus sentimentos não vinham à flor do rosto. Tinha todos os visíveis sinais de um grande egoísta; contudo, posto que a morte do conselheiro não lhe arrancasse uma lágrima ou uma palavra de tristeza, é certo que a sentiu deveras. Além disso, amava sobre todas as coisas e pessoas uma criatura linda — a linda Eugênia, como lhe chamava —, sua filha única e a flor de seus olhos; mas amava-a de um amor calado e recôndito. Era difícil saber se Camargo professava algumas opiniões políticas ou nutria sentimentos religiosos. Das primeiras, se as tinha, nunca deu manifestação prática; no meio das lutas de que fora cheio o decênio anterior, conservava-se indiferente e neutral. Quanto aos sentimentos religiosos, a aferi-los pelas ações, ninguém os possuía mais puros. Era pontual no cumprimento dos deveres de bom católico. Mas só pontual; interiormente, era incrédulo.

(*Helena*. São Paulo: Ática, 1992. p. 13-14.)

Jean Galvão/Arquivo da editora

a) Adjetivos e locuções adjetivas:

b) Verbos de estado:

c) Impressões sensitivas:

2. Leia, a seguir, um texto de Fernando Sabino, no qual é descrita uma mesa preparada para um jantar especial. Do texto foram suprimidos, propositalmente, adjetivos, locuções adjetivas e verbos de estado (**ser** e **estar**) em diferentes tempos verbais. Preencha as lacunas a seguir, buscando dar um sentido coerente ao texto.

Jean Galvão/Arquivo da editora

A mesa parecia até que __________ arrumada para a pessoa ____________________. Os pratos ______________ os prediletos do marido. A macarronada quase entornava da travessa. De pernas para o ar, o frango ________________________ rodeado simetricamente de rodelinhas ____ ____________________ e tomate. O empadão tinha tiras de massa, cruzadas como uma peneira — genial invenção ______________ de Dona Chiquinha. ___________ um fazer água na boca.

Ajeitou as duas cadeiras debaixo da mesa. Como o Tidinho ia ____________ contente. Tinha até cerveja. Ele não bebia nunca, não se vê que ela deixava. Mas aquele dia era todo ________________. Vinte e cinco anos. Não parecia que vivia com ele tanto tempo. E no entanto... Ele, ______________, já estava ficando _________, quase aposentado do cargo de subdiretor da Seção de Horticultura do Departamento Vegetal. Sim, senhor, 25 anos. O tempo voara. Parece que foi outro dia que eles se encontraram pela primeira vez. Um rapaz ____________, ____________... e hoje ____________ daquela maneira. Quem diria. E ela? Oh, fora ______________, bem que fora. Pra que negar? Tinham até posto o seu retrato na capa ______________________!...

(As rosas iam murchar. In: *Cara ou coroa*. São Paulo: Ática, 2015. p. 100.)

3. Agora é a sua vez de escrever uma sequência descritiva. Releia os contos que você escreveu neste capítulo e no capítulo anterior e escolha um deles para reescrever um trecho, fazendo uso da descrição; ou escreva um parágrafo descritivo inteiramente novo para inseri-lo no conto já criado. Você poderá fazer uma descrição de personagem, do ambiente onde se passam as ações ou do momento em que elas se situam (manhã, tarde, noite), etc.

CAPÍTULO

3

O CONTO CONTEMPORÂNEO

O gênero em foco

Leia este conto de Dalton Trevisan:

Apelo

Amanhã faz um mês que a Senhora está longe de casa. Primeiros dias, para dizer a verdade, não senti falta, bom chegar tarde, esquecido na conversa de esquina. Não foi ausência por uma semana: o batom ainda no lenço, o prato na mesa por engano, a imagem de relance no espelho.

Com os dias, Senhora, o leite primeira vez coalhou. A notícia de sua perda veio aos poucos: a pilha de jornais ali no chão, ninguém os guardou debaixo da escada. Toda a casa era um corredor deserto, e até o canário ficou mudo. Para não dar parte de fraco, ah, Senhora, fui beber com os amigos. Uma hora da noite eles se iam e eu ficava só, sem o perdão de sua presença a todas as aflições do dia, como a última luz na varanda.

E comecei a sentir falta das pequenas brigas por causa do tempero na salada – o meu jeito de querer bem. Acaso é saudade, Senhora? Às suas violetas, na janela, não lhes poupei água e elas murcham. Não tenho botão na camisa, calço a meia furada. Que fim levou o saca-rolhas? Nenhum de nós sabe, sem a Senhora, conversar com os outros: bocas raivosas mastigando. Venha para casa, Senhora, por favor.

(In: Alfredo Bosi (Org.). *O conto brasileiro contemporâneo*. São Paulo: Cultrix/Edusp, 1975. p. 189.)

Thais Circelli/Arquivo da editora

Quem é Dalton Trevisan?

Dalton Trevisan nasceu na cidade de Curitiba, em 14 de junho de 1925. Formou-se em Direito, no Paraná, e liderou o grupo literário que publicou, entre 1946 e 1948, a revista *Joaquim*.

É considerado um dos mais importantes contistas da atualidade e destacou-se no gênero conto com a publicação de obras como *Cemitério de elefantes*, *O vampiro de Curitiba* e *A guerra conjugal*, este último adaptado para o cinema. Seu único romance é *A polaquinha*.

Avesso às rodas literárias e à mídia em geral, pouco se sabe de sua vida pessoal. Por isso, é chamado de "o vampiro de Curitiba".

Arquivo/Estadão Conteúdo/Agência Estado

Dalton Trevisan.

1. Narrado em 1ª pessoa, o conto apresenta, no primeiro parágrafo, uma situação que envolve duas pessoas.

a) Quem é o narrador do conto?

____

b) A quem ele se dirige?

____

c) O título do conto é "Apelo". Qual é o apelo feito no texto?

____

____

2. Ainda no primeiro parágrafo, o narrador relata como foram os dias da primeira semana sem a presença da "Senhora".

a) Como ele sentiu a ausência dela nesses dias?

____

____

b) De que forma ela ainda marcava sua presença na casa?

____

____

3. O segundo parágrafo relata um conjunto de fatos relacionados à ausência da "Senhora" na casa.

a) Que expressão empregada nesse parágrafo mostra que muitos outros dias se passaram?

____

____

____

b) De que ordem são os fatos mencionados pelo narrador? A que papel social eles estão normalmente relacionados?

c) Infira: Como devia ser o relacionamento do casal e o papel exercido pela mulher na família antes de ela deixar a casa?

4. No último parágrafo, o narrador sutilmente revela alguns de seus sentimentos.

a) Que frases do texto podem revelar os sentimentos dele?

b) Que importância tem no texto a frase "Acaso é saudade, Senhora?" na forma interrogativa? O que isso revela sobre o narrador?

c) Para o sentido mais global do texto, que importância tem a quase ausência de emoções por parte do narrador e no texto como um todo?

5. Releia esta frase:

> "Nenhum de nós sabe, sem a Senhora, conversar com os outros: bocas raivosas mastigando."

Bridgeman/Fotoarena

Imagem inspirada nas *Mil e uma noites*, uma das obras de contos mais antigas, com contos escritos entre os séculos XII e XIV na Pérsia.

a) Infira: Havia outras pessoas na família? Justifique sua resposta.

____

____

____

b) Que sentido tem a expressão "bocas raivosas mastigando"?

____

____

c) O que a presença da mulher trazia à família?

____

____

6. O narrador refere-se à mulher como "Senhora", e não a chama pelo nome. Discuta com o professor e com a classe:

a) Que sentidos a palavra **Senhora** atribui ao relacionamento do casal e ao conto como um todo?

____

____

____

____

b) O emprego da palavra **Senhora** pode ter um sentido mais geral, que ultrapasse o relacionamento do casal e coloque uma questão de gênero? Justifique sua resposta.

____

____

____

____

____

____

7. Coloque-se no papel da "Senhora". Você atenderia ao apelo do narrador? Por quê?

8. O texto lido é um conto contemporâneo, isto é, um conto produzido por um escritor da atualidade. Tomando como referência comparativa o conto "Um cinturão", estudado no capítulo 1 desta unidade, responda: Como se caracteriza o conto "Apelo" em relação:

a) ao tamanho do texto?

b) ao número de personagens?

c) ao tempo?

d) ao espaço?

9. No conto contemporâneo, é comum o texto incorporar outros gêneros em sua construção. O conto pode ser construído, por exemplo, a partir de cartas trocadas, a partir de mensagens de um aplicativo de conversação pela Internet ou a partir de páginas de um diário. Isso ocorre no conto lido? Se sim, a que gênero o conto lido se assemelha? Justifique sua resposta.

A experiência do miniconto

Entre as experiências feitas por contistas contemporâneos, está a do miniconto, ou seja, uma narrativa condensada ao máximo em seus elementos essenciais. Veja um exemplo:

A vida inteira pela frente.
O tiro veio por trás.

(Cíntia Moscovich. In: Marcelino Freire (Org.). *Os cem menores contos brasileiros do século*. São Paulo: Ateliê, 2004. p. 16.)

O conto moderno

Segundo o modo tradicional [de narrar o conto], a ação e o conflito passam pelo desenvolvimento até o desfecho, com crise e resolução final. Segundo o modo moderno de narrar, a narrativa desmonta este esquema e fragmenta-se numa estrutura invertebrada.

(Nádia Battella Gotlib. *Teoria do conto*. São Paulo: Ática, 2002. p. 29.)

10. Na literatura, os escritores frequentemente renovam as formas de expressão artística e, por isso, quebram as convenções do próprio gênero que utilizam. Observe a estrutura do conto "Apelo" e responda oralmente: As partes convencionais do conto — situação inicial, aparecimento do conflito, início da ação, clímax, declínio e desfecho — estão claramente delimitadas no conto? Justifique sua resposta.

11. As personagens do conto "Apelo" foram tratadas psicologicamente com profundidade? Justifique sua resposta.

12. Comparando o conto "Apelo" aos contos que você leu nos capítulos 1 e 2 desta unidade, responda, de forma sucinta: Que diferenças essenciais existem entre o conto contemporâneo e o conto de estrutura convencional?

Agora é a sua vez

Como você já sabe, ao final desta unidade, você e seus colegas vão participar da mostra **De conto em conto**, na qual vão fazer o lançamento de um livro ou de um *blog* com os contos da classe. Vamos, então, produzir mais um conto para a mostra. Escolha uma das propostas a seguir ou desenvolva as duas, conforme orientação do professor.

Proposta 1

Escreva um conto contemporâneo sobre o tema que quiser. Há, abaixo, um conjunto de sugestões, mas você poderá escolher outro, se preferir.

- A prisão
- Filho único
- O retorno
- O cego
- O encontro
- O labirinto
- A descoberta
- A viagem

Proposta 2

A seguir, há dois inícios de contos contemporâneos. Escolha um deles e dê continuidade à narrativa.

Texto 1

O cego

Seu Matias nasceu cego. Nunca viu o mar, armas ou mulheres de biquíni. Mesmo assim, vive sua vida, anda por todos os lados como se vivesse num mundo feito para gente como ele. Gente que não vê, mas escuta, cheira, toca, sente e fala.

E, no seu caso, fala muito bem. Seu Matias tem como emprego tocar o coração de pessoas nos ônibus. Para chegar até seu objetivo, joga com o passageiro um jogo de palavras e sons angustiantes, a voz que se mistura com o barulho da cidade, o som das moedas chacoalhando no copo de Guaravita, a bengala de alumínio batendo sempre pra esquerda e depois pra direita no chão do coletivo.

(Geovani Martins. *Sol na cabeça*. São Paulo: Companhia das Letras, 2018. p. 85.)

Filipe Rocha/Arquivo da editora

Texto 2

Viagem a Petrópolis

Era uma velha sequinha que, doce e obstinada, não parecia compreender que estava só no mundo. Os olhos lacrimejavam sempre, as mãos repousavam sobre o vestido preto e opaco, velho documento de sua vida. No tecido já endurecido encontravam-se pequenas crostas de pão coladas pela baba que lhe ressurgia agora em lembrança do berço. Lá estava uma nódoa amarelada, de um ovo que comera há duas semanas. E as marcas dos lugares onde dormia. Achava sempre onde dormir, casa de um, casa de outro. Quando lhe perguntavam o nome, dizia com a voz purificada pela fraqueza e por longuíssimos anos de boa educação:

— Mocinha.

[...]

(Clarice Lispector. *Todos os contos*. Rio de Janeiro: Rocco, 2016. p. 316.)

Planejamento do texto

- Tenha em mente que seu conto será publicado num livro ou *blog* que a classe irá produzir na mostra **De conto em conto**, proposta no capítulo **Oficina de Criação** desta unidade.
- Releia as instruções dadas no capítulo 1 desta unidade sobre a produção do conto. Veja quais delas ainda podem ser úteis na criação do conto contemporâneo.
- Depois de decidir o ponto de vista do narrador (1ª ou 3ª pessoa), decida a estrutura do conto que pretende criar. Por onde a história vai começar: pelo aparecimento do conflito? Pelo desfecho e depois fazer uma retrospectiva dos fatos? Algumas partes da estrutura convencional da narrativa serão suprimidas? Quais? Você pretende fazer uso das características de outro gênero? De qual?
- Pense em como prender a atenção do leitor: construindo um clima de suspense, trabalhando descrições detalhadas e atraentes, utilizando figuras de linguagem, etc.
- Lembre-se de que a linguagem precisa estar adequada ao perfil do narrador e das personagens.

Revisão e reescrita

- Releia as orientações dadas no capítulo 1 desta unidade, página 63.
- Caso tenha propositalmente quebrado a estrutura convencional do conto ou incorporado características de outros gêneros, verifique se a narrativa apresenta coerência que permita a compreensão do texto.
- Observe se a densidade psicológica das personagens está de acordo com o que pretendia inicialmente.
- Verifique se a linguagem está adequada (a do narrador e a das personagens), bem como o emprego de recursos literários (figuras de linguagem, por exemplo) ao longo do texto.
- Ao concluir o trabalho, passe-o a limpo e guarde-o para publicá-lo na mostra.

Oficina de Criação

Projeto ▸ De conto em conto

Participe com os colegas da produção de um livro ou de um *blog* com os contos produzidos pela classe no decorrer da unidade e, depois, da montagem de uma mostra intitulada **De conto em conto**, ou outro nome escolhido pela turma.

Decidindo o suporte: livro ou *blog*? Ou os dois?

Com a orientação do professor, decidam qual suporte utilizarão para a divulgação dos contos: um livro ou um *blog*. Também é possível lançar as duas versões simultaneamente; assim, aumenta a possibilidade de alcançar um número maior de leitores.

No caso de optarem por livro, peçam ajuda ao professor de Arte, principalmente na confecção da capa e na produção das ilustrações para os textos.

Caso a opção seja por *blog*, peçam ajuda ao professor de Informática ou Robótica ou a outro profissional da área na escola. Ele pode orientá-los quanto à formatação do *blog*, à criação de uma área para comentários de visitantes, etc.

Como montar o livro de contos

1. Reúnam os contos produzidos pela classe (digitados ou passados a limpo) e escolham aqueles que gostariam de publicar.
2. Façam a capa em cartolina ou em papel mais grosso. Escrevam o título do livro (criem um) e o nome dos autores (por exemplo, alunos do 9º ano A).
3. Escrevam na contracapa a ficha catalográfica tendo como modelo livros já impressos. Vejam como fazer isso neste livro.
4. Façam um texto de apresentação dos contos ou peçam a um colega ou a um adulto que o faça.
5. Unam a capa aos textos e grampeiem o material, formando um livro.

Thaís Circelli/Arquivo da editora

Como montar o *blog* de contos

1. Passem para a linguagem digital os contos produzidos pela classe.
2. Visitem *blogs* literários, a fim de conhecer as possibilidades de trabalho.
3. Reúnam-se com o professor de Informática para que ele os oriente quanto aos seguintes aspectos: formatação, seções, ambientação, tipos de letra, recursos sonoros, música, imagens, etc.
4. Se julgarem conveniente, vocês podem elaborar uma espécie de índice ou sumário com o nome dos contos e dos autores. Não deixem de criar uma seção de *links* relacionados com literatura, contistas e contos.

Thaís Circelli/Arquivo da editora

5. Montem o *blog*, inserindo os textos produzidos pela classe e, se for o caso, imagens e sons que julguem adequados.
6. Revisem o *blog*, a fim de verificar se os textos estão de acordo com o original, se a divisão silábica (se houver) está correta, se os títulos dos contos e o nome dos autores estão bem visíveis, etc. Quando o *blog* estiver concluído, deem o endereço eletrônico a amigos e familiares para que todos possam conhecer o trabalho da classe.

Como montar a mostra

1. Caso a classe tenha optado pela montagem de livro, façam cópias dele, se possível, e providenciem cadeiras para os convidados. Caso tenha optado pela criação de *blog*, montem a mostra numa sala em que haja computadores disponíveis, com acesso à Internet.
2. Disponham os livros em mesas, de forma a possibilitar ao público manuseá-los e, naturalmente, lê-los. Ou preparem os computadores, deixando-os previamente conectados com o *blog*, para possibilitar aos visitantes navegar à vontade pelos contos da classe.
3. Incluam na mostra livros de contos variados, de autores nacionais e estrangeiros, também de maneira que possam ser folheados e lidos pelos visitantes. Para a aquisição dos livros, peçam a colaboração da bibliotecária da escola.
4. Próximo do local de exposição dos livros, afixem um cartaz com o nome do evento: **De conto em conto** (ou outro que a classe tenha escolhido). Se quiserem, decorem o ambiente com fotos e caricaturas de grandes contistas brasileiros e internacionais, como Clarice Lispector, Lygia Fagundes Telles, Machado de Assis, Graciliano Ramos, Guimarães Rosa, Dalton Trevisan, Rubem Fonseca, Jorge Luís Borges, Júlio Cortázar e Mia Couto.
5. Alguns alunos poderão criar estratégias para convidar os visitantes a uma roda de leitura de contos ou a uma sessão de filmes que contem histórias interessantes (escolham, por exemplo, dois ou três entre os sugeridos na seção **Fique ligado! Pesquise!** desta unidade).

Convidem para visitar a mostra alunos de outras classes, professores e funcionários da escola, familiares e amigos.

Thais Circelli/Arquivo da editora

UNIDADE

3

O JOVEM NO MUNDO DE HOJE

Vestibular

Paulo Roberto Parreiras
desapareceu de casa.
Trajava calças cinza e camisa branca
e tinha dezesseis anos.
Parecia com o teu filho, teu irmão,
teu sobrinho, parecia
com o filho do vizinho
mas não era. Era Paulo
Roberto Parreiras
que não passou no vestibular.

[...]

Paulo Roberto Parreiras
a quem nunca vi mais gordo,
onde quer que você esteja
fique certo
de que estamos do seu lado.
Sei que isso é muito pouco
para quem estudou tanto
e não foi classificado (pois não há mais
excedentes), mas
é o que lhe posso oferecer: minha palavra
de amigo
desconhecido.
Nesta mesma quinta-feira
em Nova York morreu
um menino de treze anos que
tomava entorpecentes.
Em São Paulo, outro garoto
foi preso roubando um carro.
E há muitos outros que somem
ou surgem como cometas ardendo
em sangue, nestas noites,
nestas tardes,
nestes dias amargos.

Não sei pra onde você foi
nem o que pretende fazer
nem posso dizer que volte
para casa,
estude (mais?) e tente outra vez.
Não tenho nenhum poder,
nada posso assegurar.
Tudo que posso dizer-lhe
é que a gente não foge
da vida,
é que não adianta fugir.
Nem adianta endoidar.
Tudo que posso dizer-lhe
é que você tem o direito de estudar.
É justa a sua revolta:
seu outro vestibular.

(Ferreira Gullar. *Dentro da noite veloz*. 3. ed. Rio de Janeiro: José Olympio, 1998. p. 44-45.)

Fique ligado! Pesquise!

Filmes

- *Dumplin*, de Anne Fletcher; *D.U.F.F. — Você conhece, tem, ou é*, de Ari Sandel; *Últimas conversas*, de Eduardo Coutinho; *As vantagens de ser invisível*, de Stephen Chbosky; *Virando bicho*, de Alexandre Carvalho e Silvia Fraiha; *Vidas ao vento*, de Hayao Miyazaki; *Udaan*, de Vikramaditya Motwane.

Reprodução/California Filmes

Livro

- *Eu sou Malala*, de Malala Yousafzai e Christina Lamb (Companhia das Letras); *O sol é testemunha*, de Giselda Laporta Nicolelis (Saraiva); *A infância acabou*, de Renato Tapajós (Ática); *Adolescência*, de Guila Azevedo (Scipione); *O 9º ano C*, de Odette de Barros Mott (Atual); *O melhor poeta da minha rua*, de José Paulo Paes (Ática); *Poesia marginal*, coletânea de Ana Cristina Cesar, Cacaso, Chacal, Francisco Alvim, Paulo Leminski (Ática).

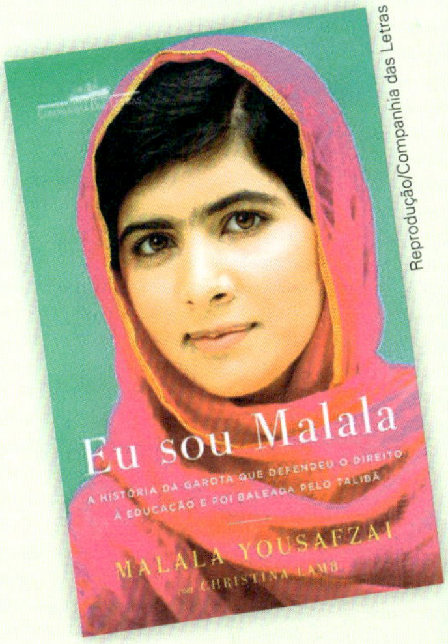

Reprodução/Companhia das Letras

Músicas

- "Ser diferente é normal", de Vinicius Castro e Adilson Xavier; "Mundo jovem", de Paul Ralphes e Negra Li; "Geração coca-cola", de Dado Villa-Lobos e Renato Russo; "Tempo perdido", de Renato Russo; "Malandragem", de Cazuza e Frejat; "O trem da juventude", de Herbert Vianna.

Sites

- www.adolescencia.org.br/site-pt-br/adolescencia
- http://juventude.gov.br/
- http://redefederal.mec.gov.br/
- http://cotuca.unicamp.br/cotuca/
- www.casadasrosas.org.br/
- www.recantodasletras.com.br/teoria-literaria-sobre-haikai/1135375
- www.sumauma.net/haicai/haicai-origem.html
- www.kakinet.com/caqui/nyumon.htm
- https://br.pinterest.com/pin/127648970669175219/
- www2.uol.com.br/augustodecampos/biografia.htm

Fique ligado! Escreva!

A adolescência é uma das fases mais gostosas da vida. E, ao mesmo tempo, uma das mais difíceis, pois são muitas as dúvidas e as incertezas que o adolescente tem em relação ao futuro.

Escreva em seu caderno uma relação de dez coisas que você gostaria que lhe acontecessem nos próximos dez anos. Em seguida, escreva uma relação de dez coisas que você gostaria que acontecessem no mundo.

Quando concluir, leia suas listas para seus colegas e ouça as deles. Se possível, guarde essas listas e, daqui a dez anos, veja quais dessas coisas aconteceram para você e para o mundo.

De olho no gênero

Na sociedade competitiva em que vivemos, a capacidade de argumentar e de persuadir as outras pessoas é muito valorizada. Por meio de argumentos, um político angaria votos; um comerciante vende seus produtos como sendo os melhores; um empregado conquista um aumento de salário ou uma promoção. Enfim, por meio da argumentação, podemos fazer valer nossas ideias e pontos de vista e influenciar o comportamento e as ações de outras pessoas.

A dissertação escolar é um texto diretamente relacionado com a capacidade humana de argumentar e é atualmente utilizada como meio de avaliação em processos seletivos variados.

O poema, por sua vez, embora possa também ter um caráter persuasivo em certas situações, está no extremo oposto da dissertação dos exames quanto a seu processo de elaboração, pois, ao contrário desta última, é um texto muito mais subjetivo e pessoal, sem um formato fixo previamente definido e, portanto, não passível da avaliação objetiva e imparcial que se supõe em um exame tal como os vestibulinhos e vestibulares.

Você tem o hábito de ler poemas? Sabe o que são haicais, paródias e poemas visuais?

Converse com os colegas e o professor sobre o que você conhece dos poemas mencionados anteriormente, assim como sobre o contato que você já teve com textos dissertativos.

Depois, leia os textos a seguir.

Haicai, paródia e poesia visual no tempo

Haicai, ou haikai, ou haicu é um tipo de composição poética inventada no Japão, no século XVII, e que chegou ao Brasil apenas no início do século XX. Hoje, há vários poetas brasileiros que se dedicam ao cultivo de haicais. Seus traços principais são a síntese e a expressão de um pensamento, uma máxima, uma reflexão.

Já a paródia e os poemas visuais começaram a ser produzidos de forma sistemática no Brasil a partir da atitude irreverente e iconoclasta dos modernistas, embora existissem experiências com poesia visual desde os gregos antigos. O Concretismo, movimento que surgiu no Brasil na década de 1950 e que ainda conta com muitos seguidores, buscou novas formas de expressão em poesia visual, experimentando a fusão de aspectos formais variados do poema, como sonoridade, forma visual, aspectos tipográficos, cor das letras e do fundo, textura, movimento.

Bridgeman/Fotoarena

A dissertação escolar ao longo da história

A dissertação escolar, do modo como a conhecemos hoje no Brasil, advém dos modelos franceses de produção textual do final do século XIX e início do século XX. Sua origem, entretanto, provavelmente é mais antiga e se situa na tradição clássica da lógica aristotélica (na Grécia antiga, séculos antes de Cristo), confundindo-se com a própria história da educação, já que durante séculos foi utilizada como meio de avaliar a aprendizagem.

A dissertação escolar está relacionada com a aquisição do conhecimento formal; por isso, o seu contexto de produção é a esfera escolar. Geralmente, ao ser convidado pelo professor a produzir uma dissertação escolar, o aluno deve provar não apenas que tem conhecimento sobre o tema proposto e que é capaz de demonstrá-lo de forma clara, mas também que é capaz de articular seu pensamento de forma lógica.

wavebreakmedia/Shutterstock

Oficina de Criação

Projeto ▸ Concurso cultural

Ao final desta unidade, você vai participar com seus colegas de classe de um concurso de poemas e dissertações. Para tanto, vai produzir exemplares desses textos ao longo dos próximos capítulos, a fim de poder se inscrever nas diferentes modalidades do evento. Participe!

CAPÍTULO 1

O POEMA: INTERTEXTUALIDADE, PARÓDIA, HAICAI E VIDEOPOEMA

O gênero em foco

Intertextualidade e paródia

No 7º ano, você estudou o poema e conheceu seus elementos básicos, como o verso, a estrofe, a métrica, o ritmo, a rima e algumas figuras de linguagem. Neste capítulo, você vai conhecer outras formas de trabalhar e de se expressar com o poema.

Leia os poemas a seguir, de Gonçalves Dias e Paulo Mendes Campos.

Canção do exílio

Minha terra tem palmeiras,
Onde canta o Sabiá;
As aves, que aqui gorjeiam,
Não gorjeiam como lá.

Nosso Céu tem mais estrelas,
Nossas várzeas têm mais flores,
Nossos bosques têm mais vida,
Nossa vida mais amores.

Em cismar, sozinho, à noite,
Mais prazer encontro eu lá;
Minha terra tem palmeiras,
Onde canta o Sabiá.

Minha terra tem primores,
Que tais não encontro eu cá;
Em cismar — sozinho, à noite —
Mais prazer encontro eu lá;
Minha terra tem palmeiras,
Onde canta o Sabiá.

Não permita Deus que eu morra,
Sem que eu volte para lá;
Sem que desfrute os primores
Que não encontro por cá;
Sem qu'inda aviste as palmeiras,
Onde canta o Sabiá.

(In: *Gonçalves Dias*. São Paulo: Abril Educação. 1982. p. 11-12. Literatura Comentada.)

Nova canção do exílio

Minha terra tem palmeiras
Onde canta o sabiá
Mas meu rabicho é Paris
Onde sabiá não dá.

Minha terra tem mansão
Onde canta o carcará
Tem rede do Maranhão
Pra bem-bom de marajá.

Minha terra tem jardim
Onde canta o Ali Babá
Vou dar uma de Aladim
Nos haréns de Bagdá.

Minha terra tem coqueiros,
Sabiá já foi pro brejo
Brasileiras, brasileiros,
Daqui vou pro Alentejo!

Adeus, primeiro de abril!
Adeus, heróis do Brejal!
Vou enfiar o Brasil
Nesse trem de Portugal!

(Paulo Mendes Campos. In: Ingedore G. Villaça Koch; Ana Christina Bentes; Mônica Magalhães Cavalcante. *Intertextualidade — Diálogos possíveis*. São Paulo: Cortez, 2007. p. 40-41.)

Lyubov Zaytseva/Shutterstock

Alentejo: região centro-sul de Portugal.
carcará: ave falconiforme encontrada em todo o Brasil e em alguns países da América.
marajá: título dado aos príncipes feudais da Índia; funcionário público cujo salário e outras vantagens são exagerados.
primeiro de abril: referência ao dia da mentira (1º de abril); no contexto, também pode fazer referência ao golpe militar de 1964, que ocorreu em 1º de abril.
primor: perfeição, excelência, delicadeza.
rabicho: namoro, paixão.

Quem são Gonçalves Dias e Paulo Mendes Campos?

Reprodução/Arquivo da editora

Gonçalves Dias (1823-1864) nasceu no Maranhão e foi poeta e dramaturgo, além de etnógrafo e advogado. Foi um dos mais importantes poetas do Romantismo brasileiro e, além da "Canção do exílio", é autor do conhecido poema "I-Juca Pirama". Entre outras obras, escreveu *Os timbiras* e a peça teatral *Leonor de Mendonça*.

Arquivo/Estadão Conteúdo/Agência Estado

Paulo Mendes Campos (1922-1981) nasceu em Belo Horizonte e foi escritor, poeta, tradutor e jornalista. Trabalhou em vários jornais cariocas e destacou-se no gênero **crônica**. Entre outras obras, escreveu *O amor acaba* e *Balé do pato e outras crônicas*.

1. A "Canção do exílio" é um dos poemas mais conhecidos do Brasil. Foi publicado em 1843, quando Gonçalves Dias estava estudando Direito na Universidade de Coimbra, em Portugal. Assim:

a) A que lugar o eu lírico se refere quando diz "minha terra"?

____

b) Que espaços são representados pela oposição entre os advérbios **aqui/cá** e **lá**?

____

____

c) O exílio do poeta é político ou voluntário?

____

2. A "Canção do exílio" foi escrita alguns anos depois da Independência do Brasil (1822). Logo, com um claro sentimento nacionalista, o poema valoriza os elementos típicos do nosso país.

a) Faça um levantamento: Que elementos brasileiros são mencionados no poema?

____

b) Esses elementos são de que tipo: sociais, culturais ou naturais?

____

c) O sabiá é uma ave comum em todo o Brasil e foi eleito a ave-símbolo do país. Levante hipóteses: Por que, no poema, o nome dessa ave foi escrito com a letra inicial maiúscula?

____

____

3. O poema é bastante sonoro em virtude do ritmo, das rimas e da métrica que utiliza. Considerando a primeira estrofe do poema, responda:

a) Que rimas se destacam?

____

b) Que tipo de verso foi empregado? Faça a escansão dos versos, lembrando que se deve contar até a última sílaba tônica.

____

c) Como é formado o ritmo desses versos, isto é, quais são as sílabas tônicas de cada verso?

____

4. A "Nova canção do exílio", de Paulo Mendes Campos, foi publicada em 1988. Ela mantém, com a "Canção do exílio", uma relação de **intertextualidade**, isto é, o poema de Paulo Mendes Campos cita o poema de Gonçalves Dias. Que elementos (temáticos e formais) da "Nova canção do exílio" remetem ao poema de Gonçalves Dias, criando com ele uma relação intertextual?

____

____

5. No poema de Gonçalves Dias, o eu lírico estava em Portugal e sentia saudades do Brasil. Em "Nova canção do exílio":

a) essa relação com o nosso país se mantém? Justifique sua resposta com elementos do poema.

b) os elementos da paisagem nacional também são valorizados? Justifique sua resposta com elementos do texto.

6. Publicada na década de 1980, a "Nova canção do exílio" é uma espécie de resposta tardia a uma campanha feita pelo regime militar contra os oponentes do governo, na década de 1970, cujo *slogan* era "Brasil: ame-o ou deixe-o". Como o eu lírico se posiciona em relação ao *slogan* dessa campanha?

7. Releia estas estrofes do poema:

"Minha terra tem mansão
Onde canta o carcará
Tem rede do Maranhão
Pra bem-bom de marajá.

Minha terra tem jardim
Onde canta o Ali Babá
Vou dar uma de Aladim
Nos haréns de Bagdá."

Jean Galvão/Arquivo da editora

a) Que aspecto da vida social brasileira é criticado na 1ª estrofe?

b) A 2ª estrofe faz referência a dois contos árabes bastante conhecidos. Troque ideias com a classe, tentando responder oralmente à pergunta: Como é a história de cada um desses contos?

c) A 2ª estrofe também pode ser lida de um ponto de vista social e político? Por quê?

8. Quando um texto mantém intertextualidade com outro texto, pode fazê-lo com diferentes objetivos: para homenagear o texto mais antigo, para retomar e confirmar algumas de suas ideias, para criticar suas ideias, para ironizar ou zombar, etc.

Entre os itens a seguir, indique aqueles que caracterizam a relação da "Nova canção do exílio" com a "Canção do exílio".

( ) Homenagem ao poema de Gonçalves Dias, retomando a ideia de um Brasil maravilhoso

( ) Crítica à visão ufanista do poema de Gonçalves Dias

( ) Confirmação de um Brasil que apresenta uma natureza exuberante

( ) Crítica ao Brasil moderno e no que ele se transformou

( ) Ironia e crítica ao *slogan* "Brasil: ame-o ou deixe-o"

( ) Retomada do espírito nacionalista de amor à pátria, próprio da primeira metade do século XIX

No estudo dos poemas, você viu que um texto pode "citar" outro texto, **criando** com ele uma espécie de diálogo ou relação intertextual.

Intertextualidade é a relação entre dois textos caracterizada por um fazer referência, menos ou mais explícita, a outro texto.

Há vários tipos de intertextualidade. Um texto pode citar o outro tendo em vista suas ideias ou fazer uso de certas partes formais do texto original, como o emprego de palavras, expressões e estruturas sintáticas maiores.

No poema de Paulo Mendes Campos, além da referência explícita feita no título, o emprego do verso "Minha terra tem palmeiras" é suficiente para remeter diretamente à "Canção do exílio", estabelecendo intertextualidade com o poema romântico.

No entanto, nota-se que, apesar de a "Nova canção do exílio" ter uma estrutura formal próxima da do poema de Gonçalves Dias (métrica, rimas, repetições de palavras e estruturas), as ideias apresentadas pelos dois poemas são opostas. Enquanto um lamenta o exílio, exalta a pátria e supervaloriza seus elementos naturais, o outro critica a situação ambiental, social e política do país e aponta como perspectiva o exílio voluntário em Portugal. A esse tipo de relação, chamamos **paródia**.

Há, a seguir, três propostas de produção de poema intertextual e paródia.

Paródia é um tipo de relação intertextual em que um texto remete a outro geralmente com o objetivo de subverter, criticar, ironizar ou criar humor a partir das ideias do texto de referência.

A "Canção do exílio" e suas paródias

A "Canção do exílio" é o poema mais citado e parodiado da literatura brasileira. Além de Paulo Mendes Campos, outros escritores fizeram suas canções do exílio, como Casimiro de Abreu, Oswald de Andrade, Murilo Mendes, Carlos Drummond de Andrade, José Paulo Paes, Cacaso, Chico Buarque de Hollanda, Dalton Trevisan, Jô Soares e Eduardo Alves da Costa. O nosso Hino Nacional e a "Canção do Expedicionário" também mantêm relação intertextual com o poema de Gonçalves Dias. Conheça o poema de José Paulo Paes:

Canção do exílio facilitada

lá?
ah!

sabiá...
papá...
maná...
sofá...
sinhá...

cá?
bah!

(In: *Os melhores poemas de José Paulo Paes*. São Paulo: Global, 2003. p. 130.)

Agora é a sua vez

Há, a seguir, três propostas de produção de poema intertextual e paródia.

Proposta 1

Que tal escrever você também sua canção do exílio? Crie um poema, com versos livres ou regulares, dialogando com a "Canção do exílio" de Gonçalves Dias. Você poderá adotar não só um ponto de vista positivo em relação ao seu país ou ao seu lugar de origem, como também poderá adotar uma posição irônica e crítica, como é próprio da paródia.

Proposta 2

Os dois poemas que seguem são do poeta Carlos Drummond de Andrade. "Quadrilha" aborda o tema do desencontro amoroso e "José", escrito durante a Segunda Guerra Mundial, retrata o ser humano num beco sem saída. Escolha um dos poemas para, a partir dele, escrever uma paródia ou poema intertextual que dialogue com o poema escolhido. Se preferir, poderá escolher outro poema na biblioteca ou um que já conheça.

Quadrilha

João amava Teresa que amava Raimundo
que amava Maria que amava Joaquim que amava Lili
que não amava ninguém.
João foi pra os Estados Unidos, Teresa para o convento,
Raimundo morreu de desastre, Maria ficou para tia,
Joaquim suicidou-se e Lili casou com J. Pinto Fernandes
que não tinha entrado na história.

(*Reunião*. 10. ed. Rio de Janeiro: Jose Olympio, 1980. p. 19.)

Thais Circelli/Arquivo da editora

José

E agora, José?
A festa acabou,
a luz apagou,
o povo sumiu,
a noite esfriou,
e agora, José?
e agora, você?
você que é sem nome,
que zomba dos outros,
você que faz versos,
que ama, protesta?
e agora, José?

Está sem mulher,
está sem discurso,
está sem carinho,
já não pode beber,
já não pode fumar,
cuspir já não pode,
a noite esfriou,
o dia não veio,
o bonde não veio,
o riso não veio,
não veio a utopia
e tudo acabou
e tudo fugiu
e tudo mofou,
e agora, José?

E agora, José?
sua doce palavra,
seu instante de febre,
sua gula e jejum,
sua biblioteca,
sua lavra de ouro,
seu terno de vidro,
sua incoerência,
seu ódio — e agora?

Com a chave na mão
quer abrir a porta,
não existe porta;
quer morrer no mar,
mas o mar secou;
quer ir para Minas,
Minas não há mais.
José, e agora?

Se você gritasse,
se você gemesse,
se você tocasse
a valsa vienense,
se você dormisse,
se você cansasse,
se você morresse...
Mas você não morre,
você é duro, José!

Sozinho no escuro
qual bicho-do-mato,
sem teogonia,
sem parede nua
para se encostar,
sem cavalo preto
que fuja a galope,
você marcha, José!
José, para onde?

(Idem, p. 70.)

Jean Galvão/Arquivo da editora

Proposta 3

A intertextualidade e a paródia não acontecem apenas nos poemas. Elas também se manifestam em outras linguagens, como a pintura, o cinema, a música, o cartum, a história em quadrinhos, etc. Veja, por exemplo, a intertextualidade que a canção "Cálice", de Criolo, criada no século XXI, estabelece com a canção "Cálice", criada por Chico Buarque de Hollanda e Gilberto Gil em 1973.

Como beber dessa bebida amarga
Tragar a dor, engolir a labuta
Mesmo calada a boca, resta o peito
Silêncio na cidade não se escuta

(Chico Buarque e Gilberto Gil)

Como ir pro trabalho sem levar um tiro
Voltar pra casa sem levar um tiro
Se as três da matina tem alguém que frita
E é capaz de tudo pra manter sua brisa

(Criolo)

Escolha uma canção do momento ou uma canção da qual você goste muito e faça uma paródia dela, alterando a letra, mas mantendo a melodia. Depois de pronta, cante-a para a classe.

Planejamento do texto

- Planeje quais serão as semelhanças entre o texto de base e o novo poema: o tema, a estrutura, a repetição de palavras e expressões ou de algum verso ou de partes do poema original.
- Escreva seu texto em versos, regulares ou livres.
- Se quiser, organize o poema em estrofes.
- Experimente criar imagens e trechos mais expressivos, empregando comparações, metáforas, antíteses, anáforas, aliterações, etc.
- Tente escrever uma paródia que seja crítica, irônica ou divertida.
- Experimente criar sonoridade nos versos, fazendo uso de ritmo e de rimas.
- Dê um título atraente ao poema, relacionado ao texto recriado.

Revisão e reescrita

Antes de fazer a versão final de seu poema, releia-o, observando:

- se ele apresenta semelhanças identificáveis pelo leitor com o texto recriado;
- se ele está escrito em versos;
- se a linguagem é figurada e rica de sentidos;
- se nele há recursos próprios da poesia: ritmo, rimas, imagens, metáforas, comparações, antíteses, aliterações, anáforas, etc.;
- se o texto dialoga com o texto de base, seja para homenageá-lo, seja para criticar ou ironizar as ideias que apresenta;
- se o título é adequado e convidativo.

Se achar conveniente, faça modificações em seu texto. Depois, passe-o a limpo e, se quiser, ilustre-o. Guarde-o para a produção de um videopoema, a ser proposto neste capítulo.

O haicai

O **haicai** é um poema curto de origem japonesa, geralmente humorístico e leve e, às vezes, reflexivo. Criado no século XVI, se popularizou pelo mundo, pois, mesmo sendo um poema conciso, possui grande carga poética.

O haicai tem um número específico de versos — três — e, tradicionalmente, apresenta um número fixo de sílabas poéticas — 17 —, sendo 5 delas no primeiro e no último verso e 7 no segundo verso. Essa métrica foi alterada ao longo dos anos pelos poetas, que passaram a brincar mais com a forma do haicai. No Brasil, Guilherme de Almeida foi um dos primeiros a cultivar essa forma poética e introduziu rimas no 1º e no 3º verso e uma rima interna no 2º verso. Originalmente, entretanto, o haicai japonês não tem rimas.

Outros importantes escritores brasileiros, como Millôr Fernandes, Luis Fernando Verissimo e Paulo Leminski, também escreveram haicais.

Leia, a seguir, quatro haicais. O primeiro é de Issa, poeta japonês do século XVIII. Os demais são de Paulo Leminski, Millôr Fernandes e Guilherme de Almeida, poetas brasileiros do século XX.

A lua se foi
Meu rouxinol se calou
Acabou-se a noi-

(Issa. In: *31 poetas. 214 poemas. Do Rig-veda e Safo a Apolinaire*. São Paulo: Companhia das Letras, 1996. p. 80.)

amar é um elo
entre o azul
e o amarelo

(Paulo Leminski. *Toda poesia*. São Paulo: Companhia das Letras, 2013. p. 312.)

Infância

Um gosto de amora
comida com sol. A vida
chamava-se "Agora".

(Guilherme de Almeida. Disponível em: https://www.casaguilhermedealmeida.org.br/arquivos/1399669282-oficina-de-haikai.pdf. Acesso em: 28/3/2019.)

Morto de ciúme
Sob a luz da lua
Vaga-lume lume.

(Millôr Fernandes. Disponível em: http://www2.uol.com.br/millor/haikai/003/013.htm. Acesso em: 28/3/2019.)

Reprodução/<http://www2.uol.com.br/millor/haikai/003/013.htmb>

1. Observe a parte formal dos haicais e responda:

a) Quais deles apresentam o número de versos tradicional do haicai japonês?

____

b) Quais deles apresentam a métrica tradicional (o primeiro e o último verso com cinco sílabas poéticas e o segundo verso com sete sílabas poéticas)? Quais quebram essa estrutura?

____

____

c) Quais deles apresentam rima? Como é essa rima?

____

____

2. Os haicais tradicionalmente abordam temas relacionados à natureza e apresentam certo tom filosófico e reflexivo.

a) Quais deles abordam o tema da natureza?

____

b) Quais têm um caráter filosófico e reflexivo?

____

____

3. No haicai de Issa, a última sílaba da palavra **noite** foi suprimida. Que relação existe entre forma e conteúdo, ou seja, entre a supressão da sílaba e o conteúdo do verso?

____

____

4. A palavra **haicai** é formada por dois termos, *hai* (brincadeira, gracejo) e *kai* (harmonia, realização), ou seja, representa um poema humorístico ou divertido. Qual dos haicais lidos também apresenta um traço humorístico?

____

5. Não é comum o haicai apresentar título. Os haicais de Guilherme de Almeida, entretanto, geralmente apresentam título. Releia o haicai do poeta sem o título.

a) Sem o título, o sentido do poema se mantém?

____

____

b) Considerando que o haicai é um poema cuja característica central é a síntese, comente a vantagem de incluir um título no poema.

____

O videopoema

Videopoema é a fusão de poema com vídeo. Pode ser, por exemplo, um vídeo em que um poema é declamado (com a imagem do declamador ou não) enquanto imagens e música dialogam com os versos ou um vídeo em que os versos surgem como legenda na tela à medida que imagens e música se desenrolam, entre outras possibilidades.

Neste capítulo, você vai produzir videopoemas com os colegas. Se nunca viu um videopoema, sugerimos assistir a alguns no YouTube, entre eles os vídeos *Boletim do mundo mágico*, de Roberto Piva (por Amanda Vital); *Carnaval — Arnaldo Antunes* (*Nome*), de Arnaldo Antunes; *Ausência de ti*, de Arturo Sodoma.

Agora é a sua vez

Jose Luis Pelaez Inc/DigitalVision/Getty Images

Que tal fazer videopoemas com base nos poemas que você criou neste capítulo?

Primeiro, forme um grupo com os colegas e definam quais poemas, entre os produzidos neste capítulo, serão transformados em videopoemas.

Vários programas podem ser usados para a criação de um videopoema, entre eles o PowerPoint. Com a tela aberta do PowerPoint, cola-se o poema num *slide*, insere-se uma imagem como fundo e adiciona-se um fundo musical previamente escolhido. Escolhem-se a cor e os efeitos de animação visual, que são adicionados à apresentação. Definem-se a velocidade e a forma de transição de *slides* (recomenda-se a transição automática com tempo de cinco segundos). Disponha o poema no número de *slides* que julgar melhor. O trabalho vai ganhar animação com a ajuda do programa Adobe Flash Player, com adição de música.

Se necessário, peçam ajuda ao técnico ou ao professor de Informática ou Robótica da escola.

Planejamento do videopoema

Planeje a produção de seu videopoema, decidindo previamente:

- se haverá música de fundo;
- se os versos serão introduzidos aos poucos ou de uma vez;
- se haverá voz de um locutor que declama os versos, à medida que eles surgem na tela, ou apenas o texto digitado;
- se vai aparecer o rosto do locutor, caso o texto seja declamado;
- se haverá um conjunto de imagens que vão sendo apresentadas, ou vídeos, ou se haverá uma imagem fixa no fundo.

Revisão do videopoema

Concluídos os videopoemas, promovam uma apresentação para toda a classe. Ao assistirem, avaliem:

- se a leitura oral e/ou a apresentação escrita do poema são acessíveis ao espectador;
- se o andamento da apresentação está adequado ou se precisa ser corrigido;
- se as imagens estão bem-distribuídas e se dialogam adequadamente com o texto verbal;
- se a música (se houver) contribui para criar ou consolidar uma atmosfera poética adequada;
- se o vídeo como um todo é uma experiência poética convidativa e marcante.

Finalizados os videopoemas, troquem ideias com a turma, com o professor e, eventualmente, com o professor de Informática, sobre como publicar os videopoemas do grupo no YouTube.

Se quiserem, poderão também, em data marcada e divulgada, fazer uma sessão especial para apresentar os videopoemas aos alunos de toda a escola e a familiares convidados.

Para escrever com expressividade

Recursos sonoros e semânticos do poema

Recursos sonoros

No 7º ano, você estudou que muito da expressividade de um poema depende de seus recursos sonoros e musicais, como o ritmo, as rimas, a métrica, a aliteração e a assonância.

Releia esta estrofe do poema "José", de Carlos Drummond de Andrade:

"E agora, José?
A festa acabou,
a luz apagou,
o povo sumiu,
a noite esfriou,
e agora, José?
e agora, você?
você que é sem nome,
que zomba dos outros,
você que faz versos,
que ama, protesta?
e agora, José?"

Jean Galvão/Arquivo da editora

1. Qual é a **métrica** desses versos?

____

____

2. Os versos apresentam um **ritmo** bastante perceptível. Faça a escansão de alguns desses versos e descubra quais são as sílabas tônicas de cada verso.

____

____

3. Existem **rimas** nessa estrofe? Se sim, como elas se estruturam?

____

____

____

____

____

4. As **repetições** de palavras, expressões e de partes de versos também cumprem um papel importante na construção da sonoridade e das ideias de um poema. Que versos, estruturas e palavras se repetem no poema?

5. Releia, agora, esta outra estrofe do poema "José", observando sua sonoridade:

"Se você gritasse,
se você gemesse,
se você tocasse
a valsa vienense,
se você dormisse,
se você cansasse,
se você morresse...
Mas você não morre,
você é duro, José!"

Há, na estrofe, versos que se iniciam com as mesmas palavras, constituindo uma figura de linguagem chamada **anáfora**. Leia o boxe ao lado e identifique a presença de anáfora nessa estrofe.

Quando a repetição cria estilo

Anáfora é a repetição de uma palavra ou grupo de palavras no início de duas ou mais frases sucessivas como meio de enfatizar o termo repetido.

Veja, nestes versos de Lenine, um exemplo de anáfora:

Que seria do adeus
Sem o retorno
Que seria do nu
Sem o adorno

("Diversidade")

6. Observe agora a presença de sons que se repetem nesses versos, constituindo **aliteração** (repetição de um mesmo fonema consonantal) e **assonância** (repetição de um mesmo fonema vocálico).

a) Há aliteração nesses versos? Justifique sua resposta.

b) Há assonância nesses versos? Justifique sua resposta.

7. Leia, agora, este poema de Cassiano Ricardo:

Rua
torta.

Lua
morta.

Tua
porta.

(In: Norma Goldstein. *Versos, sons, ritmos*. São Paulo: Ática, 2006. p. 28.)

Jean Galvão/Arquivo da editora

a) A sonoridade desse poema advém do emprego de uma figura de linguagem chamada **paronomásia**. Depois de ler o boxe abaixo, explique como se dá a paronomásia no poema.

b) O poema também se destaca pelo **paralelismo sintático** dos versos, isto é, por estruturas semelhantes. Explique como ele ocorre.

A paronomásia nas eleições americanas

A paronomásia é uma figura de linguagem construída a partir da repetição de parte de uma palavra em outra(s).

Nas eleições americanas de 1952, Dwight Davi "Ike" Eisenhower, candidato à presidência dos Estados Unidos, lançou o *slogan* "I like Ike", vindo a ganhar a eleição. No *slogan*, a paronomásia foi usada com mestria. Nas três palavras, vemos partes das outras se repetindo.

Alamy/Fotoarena

Recursos semânticos

O poema também pode se valer de recursos semânticos, que atuam diretamente na produção dos sentidos. Vamos conhecer dois deles.

Ambiguidade

Leia o poema que segue:

Esconderijo

A palavra-chave
sempre se esconde
atrás da porta.

(Lêdo Ivo. In: Adriana Calcanhoto (Org.). *Antologia ilustrada da poesia brasileira — Para crianças de qualquer idade*. 2. ed. Rio de Janeiro: Edições de Janeiro, 2014. p. 67.)

Jean Galvão/Arquivo da editora

1. O poema cria, propositalmente, uma **ambiguidade**, isto é, uma duplicidade de sentido, pelo emprego do termo **palavra-chave**.

a) Se, em vez de **palavra-chave**, houvesse apenas o termo **chave**, qual seria o assunto do poema?

____

b) Que outras palavras do poema estão no mesmo campo semântico, isto é, palavras relacionadas ao sentido de **chave**?

____

2. A forma composta **palavra-chave** acrescenta ao poema uma dimensão diferente daquela que você identificou na questão 1.

a) Que novo sentido a **palavra-chave** introduz no contexto? Qual passa a ser o assunto do poema?

____

____

____

____

b) Levando em conta o sentido que você apresentou no item anterior, que novos sentidos ganham as palavras **esconderijo** e **porta**?

____

____

____

____

Poema visual

Veja, agora, este poema de Sérgio Capparelli:

Reprodução/Acervo do poeta

(*111 poemas para crianças*. Porto Alegre: L&PM, 2003. p. 120.)

3. O poema de Capparelli é visual, ou seja, para compreendê-lo é necessário associar o sentido das palavras à imagem que elas formam. Descubra qual é a ordem lógica de leitura dos versos e leia oralmente o poema para o professor e a classe.

____

____

____

____

4. A palavra **cai** foi disposta na página de forma diferente. Explique a razão dessa disposição e o sentido que ela cria.

____

____

5. Na parte de baixo do poema, os versos formam uma figura.

a) Qual é a figura formada?

b) Que partes dessa figura os versos representam?

c) Que parte dessa figura é representada pela esfera negra?

d) Que outros sentidos pode ter a esfera negra?

O poema ao lado, de Alfred de Musset, poeta francês do século XIX, foi traduzido e recriado pelo poeta brasileiro Augusto de Campos. Na página onde está publicado o poema, ele ocupa toda a mancha, isto é, toda a parte impressa da página tipográfica. Leia-o.

Reprodução/Acervo do poeta

("Lunograma (Musset)". In: *Despoesia*. São Paulo: Perspectiva, 1994. p. 56-57.)

6. Troque ideias com os colegas e responda. Considerando o conteúdo dos versos:

a) Qual é a relação entre o conteúdo do poema e sua representação visual? Responda explicando o que representa a letra **i** e o ponto sobre o **i**.

b) A cor preta, que cobre toda a mancha da página e emoldura o poema, também apresenta um sentido no contexto. Qual é?

c) A **tipografia** também pode construir sentido nos poemas. No poema em estudo, a cor branca com que a letra **i** é escrita também ganha um sentido especial. Explique por quê.

Agora é a sua vez

Escreva você também um ou mais poemas fazendo uso de alguns dos recursos que você revisou e aprendeu neste capítulo: ritmo, rima, aliteração, assonância, anáfora, paronomásia, paralelismo sintático, repetições, ambiguidade e recursos visuais.

Siga as orientações dadas neste capítulo nas seções **Planejamento do texto** e **Revisão e reescrita**. Se possível, inclua estes novos poemas na produção dos videopoemas.

CAPÍTULO

2 O TEXTO DISSERTATIVO-ARGUMENTATIVO

O gênero em foco

Há muitas décadas, as escolas brasileiras vêm trabalhando com um tipo de texto chamado **dissertação**, que costuma ser exigido em exames de seleção para o ensino médio (o "vestibulinho"), ou para a universidade (o vestibular) e em alguns concursos públicos.

Em princípio, o texto dissertativo pertence ao grupo dos textos expositivos, cujo objetivo é explicar ou desenvolver um assunto sem que o autor tenha de se posicionar sobre o tema e defender um ponto de vista pessoal.

No entanto, quando se solicita uma dissertação escolar nos exames, quase sempre os temas são polêmicos e exigem um posicionamento do autor. Nesses casos, inevitavelmente ele tem de argumentar.

Por essa razão, chamamos esse tipo de texto de **dissertativo-argumentativo**.

Para saber o que é e como se faz um texto dissertativo-argumentativo, leia primeiramente a proposta de redação do Enem 2013. Entre 5 milhões de textos avaliados no exame, apenas 481 alcançaram a nota máxima de 1 000 pontos.

Em seguida, leia a redação de uma estudante que alcançou a nota máxima nesse exame.

bibiphoto/Shutterstock

Proposta de redação

A partir da leitura dos textos motivadores seguintes e com base nos conhecimentos construídos ao longo de sua formação, redija um texto dissertativo-argumentativo na modalidade escrita formal da língua portuguesa sobre o tema **"Efeitos da implantação da Lei Seca no Brasil"**, apresentando proposta de intervenção, que respeite os direitos humanos. Selecione, organize e relacione, de forma coerente e coesa, argumentos e fatos para defesa de seu ponto de vista.

Qual o objetivo da "Lei Seca ao volante"?

De acordo com a Associação Brasileira de Medicina de Tráfego (Abramet), a utilização de bebidas alcoólicas é responsável por 30% dos acidentes de trânsito. E metade das mortes, segundo o Ministério da Saúde, está relacionada a uso de álcool por motoristas. Diante deste cenário preocupante, a Lei 11.705/2008 surgiu com uma enorme missão: alertar a sociedade para os perigos do álcool associado à direção.

Para estancar a tendência de crescimento de mortes no trânsito, era necessária uma ação enérgica. E coube ao Governo Federal o primeiro passo, desde a proposta da nova legislação à aquisição de milhares de etilômetros. Mas, para que todos ganhem, é indispensável a participação de estados, municípios e sociedade em geral. Porque, para atingir o bem comum, o desafio deve ser de todos.

Disponível em: www.dprf.gov.br. Acesso em: 20 jun. 2013 (adaptado).

Reprodução/Polícia Rodoviária Federal/Ministério da Justiça/Governo Federal Operação Lei Seca/Governo do Estado do Rio de Janeiro

Repulsão magnética a beber e dirigir

A lei da física que comprova que dois polos opostos se atraem em um campo magnético é um dos conceitos mais populares desse ramo do conhecimento. Tulipas de chope e bolachas de papelão não servem, em condições normais, como objetivos de experimento para confirmar essa proposta. A ideia de uma agência de comunicação em Belo Horizonte foi bem simples. Ímãs foram inseridos em bolachas utilizadas para descansar os copos, de forma imperceptível para o consumidor. Em cada lado, há uma opção para o cliente: *dirigir* ou *chamar um táxi* depois de beber. Ao mesmo tempo, tulipas de chope também receberam pequenos pedaços de metal mascarados com uma pequena rodela de papel na base do copo. Durante um fim de semana, todas as bebidas servidas passaram a pregar uma peça no cliente. Ao tentar descansar seu copo com a opção *dirigir* virada para cima, os ímãs apresentavam a mesma polaridade e, portanto, causando repulsão, fazendo com que o descanso fugisse do copo; se estivesse virada mostrando o lado com o desenho de um táxi, ela rapidamente grudava na base do copo. A ideia surgiu da necessidade de passar a mensagem de uma forma leve e no exato momento do consumo.

Disponível em: www.operacaoleisecarj.rj.gov.br. Acesso em: 20 jun. 2013 (adaptado).

Instruções:

- O rascunho da redação deve ser feito no espaço apropriado.
- O texto definitivo deve ser escrito à tinta, na folha própria, em até 30 linhas.
- A redação que apresentar cópia dos textos da Proposta de Redação ou do Caderno de Questões terá o número de linhas copiadas desconsiderado para efeito de correção.

Receberá nota zero, em qualquer das situações expressas a seguir, a redação que:

- tiver até 7 (sete) linhas escritas, sendo considerada "insuficiente".
- fugir ao tema ou que não atender ao tipo dissertativo-argumentativo.
- apresentar proposta de intervenção que desrespeite os direitos humanos.
- apresentar parte do texto deliberadamente desconectada com o tema proposto.

Shmizla/Shutterstock

Folha de Redação

FOLHA DE REDAÇÃO 27 - 12 - 1991

O volante, o lobo do homem

Egoísmo, irresponsabilidade e traços mais do que meramente vestigiais de irracionalidade: essas são as únicas explicações cabíveis para tentar justificar o que leva uma pessoa que consome bebida alcoólica a dirigir e pôr em risco a sua e tantas outras vidas. A Lei Seca, que recentemente foi implantada no Brasil, tem o intuito de coibir a associação de álcool e direção, e de reduzir o número de mortes causadas por essa associação. Apesar de já mostrar alguns resultados, a lei demanda maior fiscalização, pois é preciso eliminar a habitual certeza da impunidade que há no país.

Thomas Hobbes, filósofo inglês, dizia que o estado de natureza humano é um risco à sobrevivência da própria espécie, e que instituições que regulamentem o comportamento e as ações do homem são essenciais para evitar o caos e a extinção da humanidade. A Lei Seca é uma dessas instituições.

Mesmo cientes de que o álcool como droga neurodepressora altera a capacidade de raciocínio, reflexo e de coordenação motora, muitos motoristas, por comodidade e pela falta de responsabilidade, não demonstram o mínimo apreço ou zelo pela vida quando decidem dirigir após terem consumido bebida alcoólica.

Apesar de já implantada a Lei Seca ainda não atingiu o seu potencial. É preciso que haja um compartilhamento de responsabilidades entre Estado e sociedade para que os objetivos dessa lei sejam alcançados com maior eficácia. O Estado precisa destinar mais verbas à fiscalização, colocar mais policiais equipados com etilômetros nas vias para que os transgressores da lei sejam devidamente punidos. Também fazem-se necessários investimentos em palestras públicas que mostrem a realidade e o sofrimento de famílias que perderam entes em acidentes relacionados ao uso de álcool, e os sobreviventes cujas sequelas trouxeram dificuldades crônicas para suas vidas. A Educação no Trânsito deveria ser inserida na grade curricular obrigatória das escolas para que crianças e adolescentes tenham contato e consciência das responsabilidades as quais é preciso ter como motorista, passageiro, ciclista ou pedestre.

Como dizia Hobbes, "o homem é o lobo do homem". Portanto, a Lei Seca é um mecanismo essencial para que o homem não se torne, ao mesmo tempo, predador e presa de sua própria espécie.

(Taissa Gonçalves Leal. Disponível em: http://educacao.uol.com.br/noticias/2014/04/07/confira-exemplosde-redacoes-nota-1000-do-enem-2013.htm?mobile. Acesso em: 5/4/2015.)

1. A dissertação escolar, como a maior parte dos gêneros argumentativos, tem uma estrutura organizada em três partes: a **introdução**, na qual é apresentada a ideia principal, ou tese; o **desenvolvimento**, que fundamenta com argumentos a ideia principal; e a **conclusão**.

Troque ideias com os colegas e identifique, na redação da estudante, em que parágrafo é apresentada a ideia principal, ou tese, e que parágrafos constituem o desenvolvimento e a conclusão.

____

____

2. No 1º parágrafo, logo de início a autora se posiciona sobre a relação entre direção e álcool para, em seguida, apresentar sua ideia principal, ou tese. Qual das três frases desse parágrafo constitui a ideia principal da dissertação?

____

____

____

3. O desenvolvimento de um texto dissertativo cumpre o papel de desenvolver e fundamentar a tese com argumentos. Para isso, vários recursos podem ser empregados.

a) Qual dos recursos abaixo foi utilizado pela autora no 2º parágrafo?

( ) comparação
( ) pesquisa
( ) relação de causa e consequência
( ) dados estatísticos
( ) citação
( ) exemplificação

b) Com que finalidade a autora utilizou esse recurso?

____

____

____

____

4. No 3º parágrafo, a autora discute a implantação da Lei Seca.

a) Qual é o ponto de vista dela sobre a lei?

____

____

____

____

____

Luciano Amarante/Folhapress

b) Observe que ela apresenta, no texto, uma proposta para o aprimoramento dessa lei. Qual é essa proposta?

c) A proposta de intervenção não é uma parte estrutural obrigatória dos textos dissertativos. Releia os tópicos da atividade de redação do Enem e conclua: Por que, nesse texto, foi apresentada uma proposta?

5. Leia o boxe "Verdade e opinião nos textos argumentativos". Depois, observe os parágrafos do desenvolvimento (2º e 3º) e identifique o tipo de argumento que predomina no texto lido. Trata-se de argumentos construídos a partir de verdades ou de opiniões?

Verdade e opinião nos textos argumentativos

Os textos argumentativos têm a finalidade de persuadir (convencer) o interlocutor e, por isso, precisam apresentar bons argumentos e desenvolvê-los de modo consistente.

Embora os argumentos devam dar a impressão de que o autor está falando com certeza, nem todo argumento contém uma verdade. Muitos deles contêm apenas opiniões. Verdades são aqueles conhecimentos comprovados cientificamente e sobre os quais não há dúvida. Já as opiniões são resultado de impressões ou de experiências pessoais; por isso, elas podem expressar verdades e, às vezes, podem expressar julgamentos subjetivos, que podem ser desconstruídos facilmente.

O ideal é que, em um texto argumentativo, utilizemos de modo equilibrado os dois tipos de argumento: os que expressam verdades inquestionáveis e os que expressam opinião.

6. Na conclusão de um texto dissertativo, geralmente é retomada e confirmada a ideia principal ou é feita uma sugestão ou uma proposta.

a) Que tipo de conclusão a autora utilizou na dissertação lida?

b) A última citação de Hobbes, "o homem é o lobo do homem", representa uma nova ideia ou confirma as ideias desenvolvidas em todo o texto? Justifique sua resposta.

____

____

____

____

____

7. Hoje em dia, a maioria das propostas de redação de concursos e vestibulares é composta não apenas do enunciado principal, com o recorte do tema a ser desenvolvido, mas também de uma série de textos sobre o assunto, que podem auxiliar os participantes do processo na elaboração de seu texto.

a) Identifique, no texto em estudo, dois trechos que podem ser relacionados aos textos de referência contidos na proposta.

____

____

____

____

b) Indique outras duas informações dos textos de referência que poderiam ter sido utilizadas na construção de uma dissertação sobre o tema em estudo.

____

____

____

____

____

c) Troque ideias com os colegas e o professor e conclua: No contexto de um concurso, qual é a importância de produzir uma redação que dialogue com os textos fornecidos na proposta?

____

____

____

8. Observe a linguagem do texto lido.

a) A variedade linguística empregada está de acordo com a norma-padrão? Ela é mais formal ou mais informal?

____

b) Em que pessoa gramatical estão os pronomes e verbos empregados? O emprego dessa pessoa confere maior ou menor impessoalidade ao texto?

9. Reúna-se com os colegas de grupo e, juntos, concluam: Quais são as características básicas do texto dissertativo-argumentativo? Respondam levando em conta os critérios a seguir.

- finalidade do gênero:

- perfil dos interlocutores:

- suporte/veículo:

- tema:

- estrutura:

- linguagem:

Agora é a sua vez

Ao final desta unidade, você vai participar, com os colegas de classe, de um concurso de poemas e dissertações. Neste capítulo, você vai produzir um dos textos para se inscrever nesse concurso.

É comum que, ao final do 9º ano, alguns alunos prestem vestibulinhos para entrar em determinadas escolas de ensino médio. A seguir, você vai ler a proposta de uma dessas escolas, o Cotuca, da Unicamp-SP. Leia-a com atenção, observe as orientações e elabore o seu texto dissertativo-argumentativo com base nessa proposta.

PROPOSTA DE REDAÇÃO

O tema da violência é uma preocupação constante para a sociedade. O termo "violência" pode ser entendido como proveniente do latim *violentia*, que significa abuso de força, e também de *violare*, com o sentido de desrespeitar uma pessoa.

Os textos a seguir tratam sobre a relação que nossa cultura estabelece com a violência. A partir da leitura deles e de sua experiência, elabore um texto dissertativo-argumentativo, em até 30 linhas, discutindo a seguinte questão: **como a violência, em suas diferentes formas, se manifesta no cotidiano dos jovens brasileiros?**

Um dos desafios importantes para os estudiosos de produções culturais, nos tempos atuais, consiste em compreender o amplo interesse, por parte de públicos de televisão e cinema e de usuários de internet, por cenas de destruição e morte. Estúdios de Hollywood valorizam constantemente em seus empreendimentos roteiros em que tiros, cenas de combate em guerras ou imagens de massacres são centrais.

Uma produção nacional que obteve uma das maiores bilheterias no país, até o presente momento, foi "Tropa de Elite 2", de José Padilha. Esse filme se caracteriza pela presença de cenas de violência e adota uma estrutura de filme de ação, com aspectos semelhantes a escolhas formais de filmes de Hollywood.

O êxito desse filme de José Padilha não é um fato isolado, tendo em vista o grande sucesso no país de filmes de super-heróis de Marvel e DC, além da franquia Star Wars e de diversas produções de ação.

Em paralelo com esse amplo sucesso das narrativas de ação, o mercado instituiu diversas formas de industrialização dos prazeres ligados à percepção de cenas de destruição e morte. O universo dos videogames, por exemplo, tem explorado de modo enfático a permissão para que o jogador, adulto ou criança, se comporte a partir da perspectiva do agente de destruição, que marca pontos ao matar. Na televisão a cabo, a existência de um canal economicamente viável como o Combate, que apresenta continuamente lutas de *mixed martial arts* (MMA) e empreendimentos como *Ultimate Fighting Championship* (UFC), é uma evidência de que a visão de corpos em confronto, admitindo o sangramento, a mutilação e a aniquilação dos competidores, é um fator seguro de prazer para o público assinante.

Adaptado de Cultura e violência. *Revista do Centro de Pesquisa e Formação*, nº 4, maio de 2017.

O movimento começou, o lixo fede nas calçadas.
Todo mundo circulando, as avenidas congestionadas.
O dia terminou, a violência continua.
Todo mundo provocando todo mundo nas ruas.
A violência está em todo lugar.
Não é por causa do álcool,
Nem é por causa das drogas.
A violência é nossa vizinha,
Não é só por culpa sua,
Nem é só por culpa minha.
Violência doméstica, violência cotidiana,
São gemidos de dor, todo mundo se engana...
Você não tem o que fazer, saia pra rua,
Pra quebrar minha cabeça ou pra que quebrem a sua.
Será que tudo está podre, será que todos estão vazios?
É difícil acreditar que somos nós os culpados,
É mais fácil culpar deus ou então o diabo.

Adaptado de Titãs. Violência. Disponível em <www.vagalume.com.br/titas/violencia.html. Acesso em 10/08/2017.

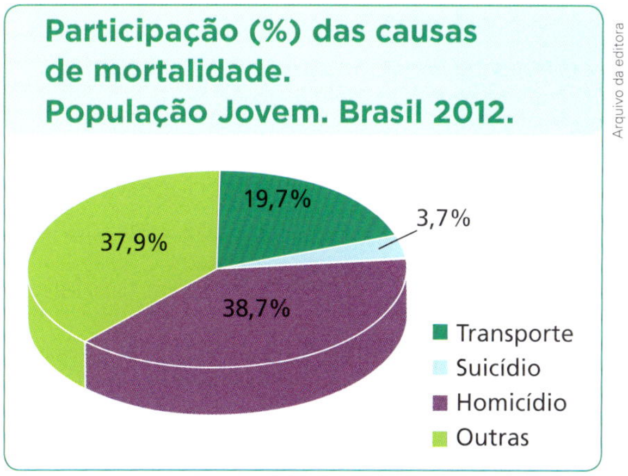

Adaptado de WAISELFISZ, J. J. *Mapa da Violência: Os Jovens do Brasil*. Disponível em www.juventude.gov.br/juventudeviva. Acesso em 29/08/2017.

Planejamento do texto

- Siga fielmente todas as orientações dadas na proposta.
- Utilize informações e dados dos textos de referência da proposta, articulando-os à sua argumentação.
- Leve em conta os leitores de seu texto: colegas da classe e de outras, professores e funcionários da escola, familiares e amigos que estarão no papel de avaliadores do seu texto.
- Em primeiro lugar, tome uma posição sobre o tema. Qual é o seu ponto de vista sobre o assunto? Que ideia você vai defender?
- Definida a ideia principal, ou tese, decida quais e quantos argumentos vai utilizar para fundamentá-la. Vai fazer citações, utilizar pesquisas e dados científicos e estabelecer comparações?
- Organize seu texto em parágrafos. Você poderá apresentar a ideia principal (a tese) de seu texto logo no 1º e no 2º parágrafo e, nos seguintes, expor os argumentos que a fundamentarão. No último parágrafo, apresente a conclusão.
- Pense no tipo de conclusão que vai desenvolver: uma conclusão-síntese ou uma conclusão-proposta.
- Empregue uma linguagem objetiva, impessoal, com verbos na 3ª pessoa, e de acordo com a norma-padrão.
- Empregue expressões de coesão textual, como **Além disso**, **Por outro lado**, **Entretanto**, **Por isso**, **Portanto**, etc. Para se aprofundar mais nesse ponto, antes de produzir o seu texto, faça as atividades propostas na próxima seção, **Para escrever com coerência e coesão**.

Revisão e reescrita

Antes de finalizar seu texto, releia-o, observando:

- se ele cumpre as exigências da proposta dada;
- se foram utilizadas adequadamente informações dos textos de referência da proposta, de forma articulada à argumentação;
- se há nele um posicionamento claro sobre o tema proposto e se o ponto de vista exposto é devidamente fundamentado com argumentos;
- se os argumentos apresentam opiniões e verdades de forma equilibrada;
- se está estruturado em introdução (com apresentação da ideia principal ou tese), desenvolvimento (com apresentação dos argumentos) e conclusão;
- se os argumentos desenvolvem e fundamentam a ideia principal;
- se está devidamente organizado em parágrafos;
- se a linguagem é objetiva e impessoal e está de acordo com a norma-padrão;
- se há coesão textual, feita por meio de expressões adequadas.

Faça as alterações necessárias e deixe seu texto dissertativo-argumentativo pronto para ser inscrito no concurso da **Oficina de Criação**.

Para escrever com coerência e coesão

A articulação

Para que um texto seja bem redigido e atinja plenamente seus objetivos — o de informar e interagir com o leitor —, não basta que apresente boas ideias; ele deve ter também **articulação de ideias**.

A articulação de ideias se dá geralmente por meio de **articuladores lógicos** do texto e de **conectivos**.

Observe a articulação de ideias neste texto:

> Estava chovendo. Procurei um guarda-chuva. Não encontrei nenhum. Cheguei todo molhado ao trabalho.

lucadp/Shutterstock

Entre as frases desse texto, existem relações lógicas implícitas — de causalidade, de oposição, de adição e de concessão. Para explicitar essas relações, é necessário empregar conjunções. Veja:

> **Como** estava chovendo, procurei um guarda-chuva, **mas** não encontrei nenhum e, **por isso**, cheguei todo molhado ao trabalho.

Os elementos de articulação cumprem um papel importante na coesão de um texto e na organização das ideias. Observe, no texto dissertativo-argumentativo estudado na seção anterior deste capítulo, na página 118, o emprego das expressões **apesar de** (1º e 3º parágrafos), **mesmo** (2º parágrafo) e **portanto** (último parágrafo).

a) Assinale, entre as opções a seguir, aquela que corresponde ao tipo de ideia introduzido pelas expressões **apesar de** e **mesmo**.

( ) consequência
( ) prioridade e relevância
( ) adição ou ênfase
( ) concessão ou oposição

b) Agora, troque ideias com os colegas e o professor e deduza: Que tipo de ideia a palavra **portanto** introduz em relação às ideias desenvolvidas em todo o texto?

____

____

Ao fazer esse exercício, você viu que a articulação de ideias pode ser estabelecida tanto **no nível das frases** quanto **no nível do texto**. Assim, existem articuladores de dois tipos:

- **elementos de coesão no nível da(s) frase(s)**

  São os pronomes que se referem a termos já expressos ou conjunções que ligam orações, estabelecendo relações de temporalidade, causalidade, consequência, condição, oposição, conclusão, etc.

- **elementos de coesão no nível do texto**

  São recursos linguísticos que estabelecem relação entre partes maiores do texto, como introdução, desenvolvimento e conclusão, e entre os parágrafos.

  Cumprem esse papel expressões como **por exemplo**, **dessa forma**, **por outro lado**; sequências de numerais como **primeiro**, **segundo**, **primeiramente**, **em segundo lugar**; conjunções como **não obstante**, **apesar de**, **portanto**, **assim**.

Exercícios

Leia o texto a seguir, observando os articuladores que ele apresenta.

O futuro que é hoje

POR CAROLINA DELBONI

Ano começa, estudos novos são publicados e muito se fala sobre a geração do futuro. Quem eles serão, como vão se comportar, quais serão os hábitos de consumo... E a grande sacada dos estudos mais recentes traz também "qual é a educação do futuro". [...]

De novos formatos pedagógicos ao uso de devices tecnológicos, tudo está se transformando na sala de aula da chamada Geração Alpha (nascidos a partir de 2010, eles vêm depois da Geracão Z que são os jovens adolescentes de hoje), que será cada vez mais personalizada e customizada para os alunos. [...]

Para atender às necessidades dessa geração, escolas e startups de educação adotam estratégias inovadoras e revolucionárias. Em primeiro lugar, os educadores estão buscando novas maneiras de preparar estudantes para tecnologias que ainda precisam ser inventadas. Para viabilizar isso, o currículo escolar está incluindo ferramentas e metodologias pouco ortodoxas, como gamification e design thinking, que devem se tornar conceitos educacionais permanentes na grade das escolas. São conceitos educacionais importantes para uma geração que precisará de criatividade e de uma abordagem colaborativa para sobreviver no mercado de trabalho futuro — aliás, assunto este também tema de muitos estudos e reportagens. [...]

Da mesma forma, a prática de mindfullness passa a integrar a grade de atividades fundamentais, afetando presença e concentração para um melhor aprendizado. Coerentemente com o que o mercado de trabalho tem exigido, criatividade e colaboração se tornam competências fundamentais a serem desenvolvidas desde o ensino fundamental.

Desiludidos com o sistema escolar, modelos de aprendizagem [...] estão considerando a saída do ambiente fechado da sala de aula e substituindo os exames tradicionais por vivência e experimentação. O ato de brincar ganha protagonismo no processo de aprendizado e o empreendedorismo, qualidade natural da geração Alpha, inspira um novo modelo de ensino, que dá mais liberdade para o aluno. Até mesmo regras centenárias de comportamento em aula estão sendo revistas ou até eliminadas, privilegiando uma expressão mais espontânea de identidade para quem aprende. [...]

A sensação de que a educação não está funcionando porque está muito desconectada das necessidades do nosso tempo é presente em muitas sociedades. Conectar os saberes ao mundo real parece uma das chaves de mudança do campo da educação. Educação como algo que antecipa o treinamento de habilidades profissionais, colocando o brincar, o empreendedorismo e a tecnologia no centro do aprendizado. O "passar conteúdo" incide a ter um porquê além do "simples" ensinar o que outras gerações já descobriram. Escolas e educação conectadas com passado, presente e futuro. Como forma de adquirir conhecimento, entendê-lo e saber transformá-lo em futuro.

(Disponível em: https://emais.estadao.com.br/blogs/kids/o-futuro-que-e-hoje/. Acesso em: 29/3/2019.)

1. Observe a conexão interna às frases dos dois primeiros parágrafos:

a) Quais termos são retomados pelos pronomes **eles** e **tudo**?

____

____

b) Troque ideias com os colegas e o professor e explique como se dá a concordância de pessoa e número entre esses pronomes e seus referentes.

2. Observe o emprego da locução **em primeiro lugar** no terceiro parágrafo.

a) Entre as opções a seguir, indique a que exprime a relação estabelecida por essa expressão no texto.

( ) tempo e espaço
( ) prioridade e relevância
( ) oposição e concessão
( ) condição
( ) consequência

b) Qual locução é utilizada no parágrafo seguinte, colocando em paralelo as ideias dos parágrafos 3 e 4?

____

3. Ainda no 3º parágrafo, releia o trecho no qual foi utilizado o advérbio **aliás**.

a) Qual é a função desse termo no contexto?

____

b) Quais outros termos poderiam ser empregados nesse contexto, sem acarretar mudança substancial de sentido ao texto?

____

4. Há, no 5º parágrafo, uma locução adverbial que expressa ênfase ao acrescentar uma ação de natureza semelhante à mencionada anteriormente no debate. Indique qual é essa locução.

____

5. Observe que as orações do último parágrafo não estão ligadas por conectores, deixando implícitas as relações entre elas. A seguir, estão sugestões de acréscimos, a fim de explicitar algumas das relações possíveis entre as orações que o compõem. Complete as lacunas com os termos sugeridos, considerando os sentidos do texto.

além disso   tudo isso   portanto   em primeiro lugar

A sensação de que a educação não está funcionando porque está muito desconectada das necessidades do nosso tempo é presente em muitas sociedades. ______________, conectar os saberes ao mundo real parece uma das chaves de mudança do campo da educação. Educação como algo que, ______________, antecipa o treinamento de habilidades profissionais, colocando o brincar, o empreendedorismo e a tecnologia no centro do aprendizado. ______________, o "passar conteúdo" incide a ter um porquê além do "simples" ensinar o que outras gerações já descobriram. Escolas e educação conectadas com passado, presente e futuro. ______________ como forma de adquirir conhecimento, entendê-lo e saber transformá-lo em futuro.

CAPÍTULO 3

O PARÁGRAFO NOS TEXTOS ARGUMENTATIVOS

O gênero em foco

Os textos pertencentes à família dos gêneros argumentativos — como o texto de opinião, as cartas argumentativas de reclamação e solicitação, o editorial, a crítica, etc. — e também a dissertação escolar têm a finalidade de persuadir o interlocutor. Para que esse objetivo seja alcançado, é necessário planejar o texto e pensar na melhor **estratégia argumentativa**, isto é, qual a melhor forma de convencer o leitor. Uma seleção criteriosa de argumentos, por exemplo, é essencial para construir uma boa estratégia argumentativa. Mas não é tudo. Também é importante organizar o texto em partes e em parágrafos e diversificar o tipo de argumento utilizado em cada parágrafo.

Há várias formas de desenvolvimento do parágrafo. Conheça algumas delas, lendo o texto a seguir.

Como sua vida é diferente da vida de seus pais?

[...]

Ana Maria Diniz

02 de agosto de 2018 | 12h12

Você já parou para pensar o quanto a sua vida é diferente da vida que seus pais ou que seus avós levavam quando tinham a sua idade?

Quem, como eu, é descendente de imigrantes e foi criança nas décadas de 70 e 80, certamente cresceu ouvindo as histórias incríveis de pessoas simples, que desembarcaram no Brasil de bolsos praticamente vazios, mas conseguiram driblar a pobreza e garantir um futuro melhor para os seus filhos e netos com trabalho duro e muito estudo.

Meu avô, Valentim Diniz, deixou Portugal em 1929, aos 16 anos, para tentar a sorte por aqui. Trabalhou durante anos como caixeiro e empacotador em um empório da capital paulista até abrir, em 1948, uma pequena doceria, o embrião do que viria a ser, anos mais tarde, uma das maiores redes varejistas do país.

Reprodução/Projeto Memória e Imagem

Imigrantes japoneses chegando a Tomé-Açu, Pará, nos anos 1930.

Nem todos os imigrantes ou mesmo brasileiros desta época conseguiram ir tão longe. Meu avô, assim como outros com trajetória parecida, são exceções, fogem à regra. Mas, de maneira geral, um jovem pobre tinha mais chances de progredir econômica e socialmente no Brasil pelo seu próprio esforço até meados do século passado do que a partir de suas décadas finais.

É o que revela o relatório "Progresso justo: mobilidade social entre gerações em todo o mundo", do Banco Mundial, recém-divulgado. Segundo a pesquisa, a mobilidade social piorou nos países em desenvolvimento. Cerca de 18% dos nascidos em 1940 e pertencentes à metade mais pobre da população brasileira conseguiam alcançar o topo da pirâmide. Entre os nascidos em 1980, nas mesmas condições socioeconômicas, em torno de 10% chegavam lá.

Hoje, é mais difícil ainda, como mostra outra publicação recente, da OCDE. De acordo com o trabalho, o Brasil é o segundo pior país do mundo em mobilidade social. Isto quer dizer que são necessárias nove gerações para que o filho de um brasileiro pobre alcance um rendimento médio. Ou que apenas 7% dos nascidos entre os menos abastados terão a chance, ainda que remota, de um dia figurar entre os 20% mais ricos.

Uma sociedade justa é aquela em que todas as pessoas têm as mesmas oportunidades de prosperar e subir na vida, independentemente de sua origem familiar. E a Educação é, sabidamente, o principal meio para que essa ascensão se concretize. Quanto maior a diferença positiva entre a ocupação e a renda dos pais e a dos filhos, maior a igualdade de oportunidades de determinada sociedade. Porém, como mostra o exemplo brasileiro, anos a mais de escolaridade não garantem uma mobilidade social efetiva, de longa distância. É preciso que o ensino ofertado tenha qualidade e seja para todos.

Graças à intensa expansão da oferta e do acesso educacional, 69% dos filhos das duas últimas gerações têm níveis de instrução superiores aos dos pais no Brasil, segundo o IBGE. Destes, 50% ganham mais do que os pais — mas só um pouco mais. É a chamada mobilidade social de curta distância, que se concentra nos estratos mais baixos da população.

Estes jovens são os filhos de agricultores que se tornam pedreiros ou as filhas de empregadas domésticas que viraram babás. A precariedade e a desigualdade da nossa Educação limitam as opções para as novas gerações e contribuem para perpetuar o ciclo de pobreza em que esses jovens estão inseridos, em vez de rompê-lo.

O impacto negativo dessa situação não se limita ao campo pessoal — a sociedade inteira é prejudicada. Quanto maior a desigualdade, menor a chance de o país crescer e se desenvolver de forma sustentável. É importante frisar, principalmente agora, às vésperas das eleições presidenciais, que pobreza não é destino. Acabar com a pobreza e com a desigualdade, dando oportunidades iguais de progresso para todos, depende de boas políticas públicas e de governantes que realmente coloquem a Educação como prioridade.

(Disponível em: https://educacao.estadao.com.br/blogs/ana-maria-diniz/como-sua-vida-e-diferente-da-vida-de-seus-pais/. Acesso em: 30/3/2019.)

1. O parágrafo de um texto argumentativo pode ser construído de diferentes formas. Nos três primeiros parágrafos do texto, a autora utiliza algumas estratégias para introduzir o assunto antes de apresentar a tese que irá defender. Entre as opções a seguir, deduza quais foram as estratégias utilizadas em cada um dos três parágrafos iniciais do texto, estabelecendo a devida correspondência.

I. **Alusão** a acontecimento recente de grande impacto social para despertar a atenção do leitor desde o início.

II. **Interrogação** direcionada ao leitor para despertar alguma reflexão sobre o assunto a ser desenvolvido no texto.

III. **Exemplo pessoal**, na tentativa de construir uma intimidade com o leitor, conquistando a empatia dele.

IV. **Narração** de uma história ficcional, a fim de ilustrar um acontecimento muito comum na sociedade.

V. **Exemplo geral**, que pode ou não ser associado à realidade pessoal do autor e do leitor, na tentativa de criar aproximação.

( ) 1º parágrafo ( ) 2º parágrafo ( ) 3º parágrafo

2. O 4º parágrafo, dando sequência às estratégias utilizadas anteriormente, contém uma **comparação** feita pela autora. A comparação é uma forma muito comum de se construir um parágrafo.

a) Quais elementos são comparados no início desse parágrafo?

____

____

b) Para qual situação a autora expande essa comparação inicial?

____

____

3. Outro tipo de desenvolvimento é o que faz uso de uma **citação**, ou seja, para fazer valer seu ponto de vista, o autor utiliza o pensamento de autoridades ou de especialistas no assunto. Também pode se valer de dados de pesquisa de órgãos ou entidades reconhecidos na área.

a) Quais citações são feitas pela autora nos parágrafos 5 e 6 do texto em estudo?

____

____

b) De que forma a autora utiliza a citação como argumento no texto?

____

____

____

4. Uma das formas mais comuns de se iniciar um parágrafo em um texto argumentativo é a que faz uso de uma **declaração inicial**. Esse tipo de parágrafo é introduzido por meio de uma afirmação. Observe o 7º parágrafo.

a) Qual é a declaração que inicia esse parágrafo?

____

____

____

____

____

Monkey Business Images/Shutterstock

b) Troque ideias com os colegas e o professor e conclua: Para fazer essa declaração, a autora se baseia em resultados de pesquisas científicas recentes ou em uma afirmação consensual, aceita por muitas pessoas como verdadeira?

c) Alguns termos utilizados nesse parágrafo contribuem para dar a conhecer ao leitor a tese da autora. Identifique alguns desses termos e deduza: Qual tese ela defende no texto?

5. Também é comum o desenvolvimento do parágrafo por meio do estabelecimento de relações de **causa e consequência**. No 8º parágrafo, por exemplo, é apontada a causa de 69% dos filhos das duas últimas gerações terem níveis de instrução superiores aos dos pais (consequência) no Brasil.

a) Qual é a causa desse fato?

b) Por que, segundo a autora, esse dado não resolve o problema da mobilidade social?

6. O 9º parágrafo retoma e desenvolve o parágrafo anterior.

a) Indique o termo responsável por essa retomada no texto e explique como ela se dá.

b) Qual ideia do parágrafo anterior é desenvolvida neste?

7. No último parágrafo, a autora se posiciona de forma mais contundente sobre o assunto em debate e menciona um acontecimento social da época em que escreveu seu texto.

a) Qual é esse acontecimento? Indique a palavra responsável por explicitar que o texto foi escrito na mesma época desse acontecimento.

____

____

b) Qual é o ponto de vista da autora sobre a situação analisada no texto?

____

____

____

No estudo do texto, você conheceu alguns tipos de desenvolvimento do parágrafo de textos argumentativos, entre eles: por **interrogação**, por **declaração inicial**, por **citação**, por **comparação** e por **relações de causa e consequência**. Além desses tipos, existem outros. Veja:

Alusão histórica

A Terra tem uma idade aproximada de 4,5 bilhões de anos. Nossa espécie, o *Homo sapiens*, apareceu em torno de 200 mil anos atrás, na África. Se concentrássemos 4,5 bilhões de anos em uma hora, nosso aparecimento teria ocorrido há menos de dois décimos de segundo. Somos a presença mais recente neste planeta e nos achamos donos dele. Algo para refletir.

(Marcelo Gleiser. "Homo artisticus". *Folha de S. Paulo*, 23/8/2009.)

Richard Bizley/Science Photo Library/ Fotoarena

Nesse tipo de desenvolvimento, é comum utilizar o passado para situar o problema enfocado no presente. No parágrafo acima, por exemplo, o autor situa o aparecimento do ser humano no planeta para estabelecer comparações entre como o ser humano se relacionava com a natureza no passado e como se relaciona hoje.

Divisão

Uma vergonha. Talvez poucas palavras expressem tão bem o atual estágio de desenvolvimento (ou será atraso?) científico e tecnológico do Brasil. Os números são eloquentes. Se, por um lado, somos uma das 15 maiores economias do mundo, com um PIB superior a US$ 510 bilhões, por outro amargamos um modestíssimo 43º lugar no ranking de desenvolvimento tecnológico. A estatística, elaborada pela ONU, leva em conta a qualificação da mão de obra do país e a capacidade da população de dominar novas tecnologias. Nessa corrida, somos superados por países economicamente inexpressivos, como Panamá e Costa Rica, e estamos no mesmo nível de nações reconhecidamente subdesenvolvidas, como Trinidad e Tobago, Bolívia e Peru.

(Yuri Vasconcelos. *Superinteressante*, edição especial: Cidadania, maio 2003.)

Observe que a ideia-núcleo apresenta uma divisão: o Brasil, sob um aspecto, pode ser considerado um país com uma das maiores economias do mundo; sob outro aspecto, entretanto, coloca-se ao lado de países subdesenvolvidos. As ideias secundárias explicam, com dados objetivos, essa divisão.

Definição

Segundo o Dicionário Aurélio, HUMOR é "a capacidade de perceber, apreciar ou expressar o que é cômico ou divertido. [...] veia cômica, graça, espírito". Partindo da própria definição da palavra, podemos inferir que o humor é, sem dúvida, uma habilidade, um talento para enxergar algo além do que apenas o fato em si. Ou seja, tudo, mas tudo mesmo, tem o seu lado engraçado, mais leve. Podemos rir de qualquer coisa, mesmo das mais trágicas. Haja vista que é exatamente esta "outra face" que os humoristas conseguem captar e que é capaz de fazer rir até mesmo o pior dos pessimistas. Não é à toa que as máscaras que simbolizam o Teatro são uma do humor e outra da tragédia. As duas juntas se completam.

Fuse/Corbis/Getty Images

(Januária Cristina Alves. "Fique frio. Mantenha o (bom) humor". *Classe* — Revista de bordo TAM, n. 75.)

Nesse tipo de parágrafo, o objetivo é desenvolver uma definição ou um conceito. No parágrafo acima, a autora pretende conceituar o humor. Para isso, parte de uma definição de dicionário para chegar a um conceito próprio, o que ocorre na segunda, na terceira e na quarta linha.

Ilustração

Com a irmã Cirlei, de 13 anos, Celene, 11, saiu da escola para ajudar o pai a trabalhar com a resina. Durante a semana se revezam nos pinheiros e nos serviços da casa. Com mais três filhos pequenos, João Durval recebe o equivalente a 265 dólares para cuidar de 39 pinheiros, quantia que divide com o cunhado, seu parceiro de trabalho.

(Cristina Porto, Iolanda Huzak e Jô Azevedo. *Trabalho infantil — O difícil sonho de ser criança*. São Paulo: Ática, 2003. p. 34.)

Esse tipo de parágrafo é introduzido por uma pequena narrativa que serve de ilustração do assunto, causando um efeito emocional direto no leitor, pois o faz vivenciar de perto a situação em análise. No parágrafo acima, retirado de um texto que discute o tema do trabalho infantil, as autoras contam um pouco da história de duas irmãs que abandonaram a escola para ajudar a família.

Detalhamento

A situação do trabalho infantil no Espírito Santo é bastante séria: existem cerca de 60 mil crianças que trabalham em condições precárias, mais da metade nas lavouras de café. Também se encontram crianças trabalhando em pedreiras, na fruticultura e na horticultura; nas cidades, são comuns os vendedores, jornaleiros e meninos pedintes que fazem ponto em faróis de trânsito, numa linha de risco, perto do tráfico e da prostituição.

(Idem, p. 30.)

Nesse tipo de parágrafo, as ideias secundárias detalham a ideia-núcleo. No parágrafo citado, por exemplo, a ideia-núcleo — o trabalho de 60 mil crianças no Espírito Santo — é detalhada pelas indicações do tipo de trabalho que as crianças fazem.

Agora é a sua vez

Você já sabe que vai participar, ao final desta unidade, de um concurso de poemas e dissertações. Neste capítulo, você vai produzir mais um texto para se inscrever no concurso.

A seguir, você vai ler outra proposta de elaboração de texto dissertativo-argumentativo em situação de processo seletivo, também para acesso ao Cotuca, a escola de ensino médio técnico vinculada à Unicamp-SP. Leia-a com atenção, observe as orientações e elabore o seu texto dissertativo-argumentativo com base nessa proposta.

Ao produzir sua dissertação, fique atento à construção de cada um dos parágrafos, tomando por base as diferentes estratégias estudadas neste capítulo.

PROPOSTA DE REDAÇÃO

A participação política era tema amplamente debatido entre os gregos antigos, para quem a liberdade estava relacionada ao envolvimento com questões públicas. Frequentemente, esse debate volta a ganhar maior relevância, como observamos de forma específica nos últimos anos, no Brasil. Pessoas das mais diversas faixas etárias têm se preocupado em debater e atuar em prol de posicionamentos relacionados a educação, transporte, saúde, moradia, entre muitos outros setores da organização social.

O papel dos adolescentes nessas discussões e atuações é controverso. Alguns acham que eles são muito novos e não têm capacidade de se posicionar; outros pensam que a eles cabe estudar e se preparar para atuações no futuro; e há ainda quem apoie iniciativas de atuação política dos adolescentes.

A partir da leitura dos 6 textos a seguir e de sua experiência, elabore um texto dissertativo-argumentativo, em até 30 linhas, discutindo a seguinte questão: **de que maneira os adolescentes podem participar das discussões políticas na sociedade brasileira?**

Os gregos antigos davam um nome apropriado a quem cuidasse também da vida pública, da comunidade, e que acreditasse que a mais nobre regra é "um por todos e todos por um": este era chamado de *político*. E se entendia que todas e todos éramos e deveríamos ser políticos, a partir da noção de que pólis é a comunidade, a cidade, a sociedade, e é nela, com ela e por ela que vivemos.

Adaptado de Mario Sergio Cortella — Educar para Crescer. Disponível em http://educarparacrescer.abril.com.br/politica-publica/politica-eleicoes594962.shtml. Acessado em 9/9/2016.

Estatuto do Jovem

Art. 2º O disposto nesta Lei e as políticas públicas de juventude são regidos pelos seguintes princípios:

I - promoção da autonomia e emancipação dos jovens;

II - valorização e promoção da participação social e política, de forma direta e por meio de suas representações;

III - promoção da criatividade e da participação no desenvolvimento do País [...]

Adaptado de LEI No 12.852, DE 5 DE AGOSTO DE 2013. Disponível em http://www.planalto.gov.br/ccivil_03/_Ato2011-2014/2013/Lei/L12852.htm. Acessado em 9/9/2016.

A política está por todas as partes. Por exemplo, quando pessoas se reúnem em grupo, para discutir assuntos considerados polêmicos, estão fazendo política. Quando alunos do grêmio da escola organizam um abaixo-assinado, pedindo a construção de uma cantina, também estão fazendo política. A política está presente em muitas situações, desde o nosso relacionamento com os pais, os lugares que frequentamos e o preço que pagamos pelas coisas. Todas elas são permeadas por relações de poder, conflito e autoridade.

Adaptado de CABRAL, Vivian. Para entender e participar da política — Conexão Cotuca. Disponível em http://conexaocotuca.com.br/2015/08/19/para-entender-e-participar-da-politica/. Acessado em 9/9/2016.

Os resultados gerais da pesquisa Agenda Juventude Brasil 2013 sobre perfil e opinião dos jovens brasileiros de 15 a 29 anos revelam haver um interesse dos jovens pela política. Um dado que chama a atenção é que 54% dos entrevistados consideram a política "muito importante".

Quando convidados a apontar duas formas de atuação que podem ajudar a mudar ou a melhorar as coisas no Brasil, 45% acreditam que a "participação em mobilizações de rua e outras ações diretas" seja uma delas. A esse dado, por si só revelador, se somam 44% de menções à "atuação em coletivos que se organizam em torno de uma causa" e 35% à "atuação em conselhos, conferências, audiências e outros canais de participação desse tipo". Outros 34% incluem a atuação via "internet, opinando e cobrando políticos e governantes" e 30% referem-se à "atuação em partidos políticos" como forma de ação política potente para melhorar as coisas no país.

Adaptado de Pesquisa revela interesse dos jovens brasileiros pela política — União Nacional dos Estudantes. Disponível em http://www.une.org.br/2013/08/pesquisa-revela-interesse-dos-jovensbrasileiros-pela-politica/. Acessado em 9/9/2016.

Na época da ditadura militar (1964-1984), o governo tentava, a todo custo, fazer a sociedade pensar que os jovens eram bagunceiros, sonhadores e que suas propostas eram um perigo para todos. Essa ideia está na cabeça de muita gente até hoje, e não só por causa do Regime Militar no Brasil, mas de tantos questionamentos e lutas que os jovens já fizeram no mundo todo. Lutas que deixaram muita gente poderosa com medo do que a juventude pode propor. Não levar o jovem a sério é uma forma de tentar desmotivá-lo e evitar as mudanças. Mesmo assim, os jovens estão se organizando cada vez mais.

Adolescentes e participação política. UNICEF. Disponível em http://www.unicef.org/brazil/pt/br_politica_vira.pdf. Acessado em 9/9/2016.

© 1992 Bill Watterson/Dist. By Atlantic Syndication/ Dist. by Andrews McMeel Syndication

Traduzido de Bill Watterson, Calvin e Haroldo. Disponível em <http://bit.ly/2c3vbro>. Acessado em 9/9/2016.

(Disponível em: http://exame.cotuca.unicamp.br/provas/provaCOTUCA2017.pdf. Acesso em: 30/3/2019.)

Planejamento do texto

Ao produzir seu texto dissertativo-argumentativo, leve em conta as orientações do capítulo anterior, na página 124, e mais as que seguem.

- Procure criar parágrafos bem-estruturados, utilizando as estratégias estudadas.
- Sempre que possível, estabeleça relações entre os parágrafos do texto, retomando e expandindo ideias já mencionadas.

Revisão e reescrita

Antes de finalizar seu texto, releia-o, observando se ele segue as orientações do capítulo anterior, na página 124, assim como:

- se os parágrafos estão bem-estruturados;
- se os parágrafos estabelecem relações entre si.

Oficina de Criação

Projeto ▸ Concurso cultural

Nesta unidade, você produziu paródias, haicais, videopoemas e dissertações, a fim de se inscrever no concurso cultural que você e seus colegas organizarão neste capítulo.

Há, a seguir, algumas orientações para a organização do concurso.

Em primeiro lugar, é necessário formar o júri responsável pela avaliação e classificação dos textos. O júri poderá ser formado com professores, funcionários da escola, amigos, familiares e colegas de outras classes. Em segundo lugar, o júri deve estar de acordo com as regras do concurso e com os prazos de leitura e entrega do material a ser avaliado.

Fernando Favoretto/Criar Imagem

Montando a comissão julgadora e selecionando os textos

- Convidem professores e funcionários da escola, colegas de outras classes, amigos e familiares para compor a comissão julgadora e avaliar os textos participantes do concurso.
- Para que os jurados não tenham um número muito grande de textos para ler, estabeleçam regras que limitem o número de inscritos em cada modalidade, como: cada aluno pode se inscrever com um único texto em no máximo duas modalidades/dois gêneros diferentes.
- Dividam os jurados em diferentes comissões, de forma que cada comissão fique responsável por avaliar uma modalidade/gênero: paródia, haicai, poema visual, videopoema, dissertação. Cada comissão deverá ter um mínimo de três jurados.
- Para a avaliação das dissertações, montem duas comissões, já que foram feitas duas propostas de dissertação na unidade.
- Digitem os textos selecionados e façam cópias, montando *kits* que serão entregues a cada jurado, com os textos a serem lidos, as propostas que deram origem aos textos e os critérios de julgamento. Ao digitarem os textos, lembrem-se de retirar o nome dos autores, para que a autoria seja mantida em sigilo e não influencie nas notas. Para que os textos não se misturem, deem um número a cada um deles e guardem a correspondência entre cada número e o autor, a fim de recuperá-los na divulgação dos resultados.

Hero Images/Getty Images

Elaborando os critérios

- Reúnam-se em classe e definam os critérios que os jurados deverão levar em conta ao avaliar os textos.
- Alguns critérios podem variar entre as diferentes modalidades: no caso da dissertação, são importantes critérios conhecimento e domínio do tema, capacidade de argumentação e persuasão, clareza de ideias; já no caso dos poemas, pode ser visto o uso de recursos de linguagem tais como sonoridade, imagens, ritmo, criatividade.
- Alguns critérios podem ser comuns a todas as modalidades, como:
  - adequação ao gênero e à proposta
  - autoria
  - fluência do texto
  - envolvimento do leitor
- Montem uma tabela com os critérios escolhidos e orientem os jurados para que deem notas de 0 a 10 aos diferentes textos, segundo os critérios preestabelecidos, para que a seleção seja feita de forma justa. Imprimam essa tabela e entreguem-na aos jurados, juntamente com os textos.
- Combinem com os jurados uma data para devolução dos textos e das tabelas preenchidas com as notas.

Conferindo e divulgando o resultado do concurso

- Decidam como vão fazer a divulgação dos resultados: se convidarão os jurados para um evento, no qual eles tenham tempo para falar e expor algumas de suas impressões sobre o concurso e sobre os textos lidos, ou se farão vocês mesmos a divulgação dos resultados.
- Caso tenham decidido fazer um evento, convidem a comunidade da escola para comparecer, torcer e assistir. Além disso, é preciso eleger colegas que atuarão como mestres de cerimônia no dia do evento.
- Caso não tenham optado pelo evento, definam o meio de divulgação: mural no corredor da escola, *site* da escola, *blog* da classe, etc.
- Independentemente da forma de divulgação, vocês precisam recolher os envelopes na data combinada com os jurados e fazer a soma dos pontos para conhecer os vencedores. Para tanto, dividam-se em grupos, de forma que os alunos inscritos em uma modalidade fiquem responsáveis por tabular os resultados de outra modalidade. Assim, os campeões não saberão que venceram antes da hora.
- Para tabular os dados, vocês podem contar com a ajuda do professor de Matemática.
- Estipulem uma premiação para o concurso: façam diplomas certificando a posição dos primeiros colocados, confeccionem medalhas ou faixas a serem entregues aos colegas premiados. Para tanto, vocês podem contar com a ajuda dos professores de Arte e de Informática ou Robótica.

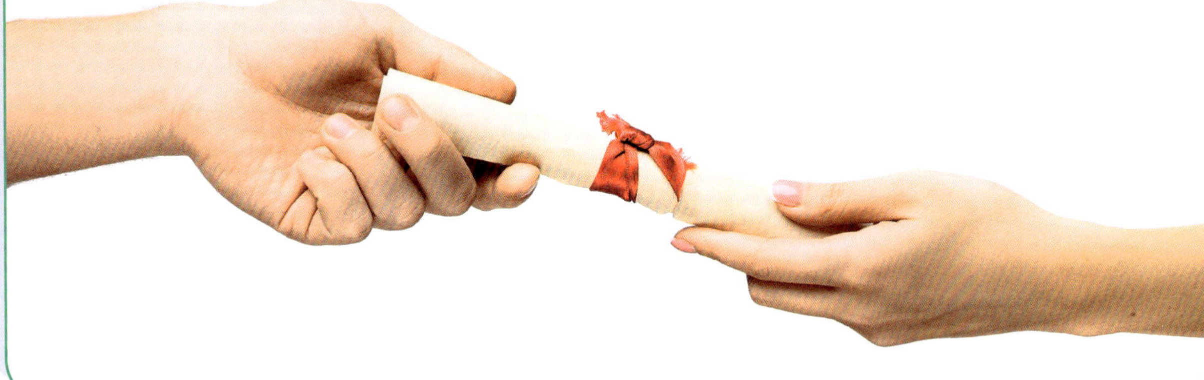

Dmytro Zinkevych/Shutterstock

UNIDADE

4

CONSUMO CONSCIENTE

Volto armado de amor
para trabalhar cantando
na construção da manhã.
Reparto a minha esperança
e canto a clara certeza
da vida nova que vem.

[...]
Ganhei sofrendo a certeza
de que o mundo não é só meu.
Mais que viver, o que importa
é trabalhar na mudança
(antes que a vida apodreça)
do que é preciso mudar.

Cada um na sua vez,
Cada um no seu lugar.

(Thiago de Mello. *Mormaço na floresta*. São Paulo: Círculo do Livro. p. 11.)

ipopba/iStockphoto/Getty Images

Fique ligado! Pesquise!

Filmes

- *O sal da terra*, de Wim Wenders e Juliano Salgado; *Lixo extraordinário*, de Lucy Walke; *Koyaanisqatsi*, de Godfrey Reggio; *Home*, de Yann Arthus-Bertrand; *Time for change*, de João Amorim; *Virunga*, de Orlando von Einsiedel; *Mission blue*, de Robert Nixon e Fisher Stevens; *Chasing ice*, de Jeff Orlowski; *Mataram Irmã Dorothy*, de Daniel Junge; *Cowspiracy*, de Kip Andersen; *Trashed — Para onde vai nosso lixo*, de Candida Brady; *2012 — Tempo de mudança*, de João Amorim. Veja também a série *Ordem na casa com Marie Kondo* (Netflix) e, no YouTube, os curtas *Do luxo ao lixo*, de Rodrigo dos Santos e Thiago Lourenço, *Lixo*, de Macaue, e *Vidas no lixo*, de Alexandre Stockler e outros.

Reprodução/O2 Filmes

Livros

- *Amazonas* (Salamandra) e *Mormaço na floresta*, de Thiago de Mello (Círculo do Livro); *Consumo responsável em ação — Tecendo relações solidárias entre o campo e a cidade*, de Juliano Rodrigues Gonçalves e Thaís Sílvia Mascarenhas (Kairós); *Manual para jovens sonhadores*, de Nathalie Trutmann (eBook Kindle); *Moda sustentável*, de Alison Gwil (GG Brasil); *Pra que dinheiro*, de Ziraldo (Globo); *Conservação da natureza — E eu com isso?*, de Rede Marinho Costeira (Fundação Brasil Cidadão).

Reprodução/ Instituto Kairós

Músicas

- "Passarinhos", de Emicida; "Absurdo", de Vanessa da Mata; "Eles não tão nem aí" e "Ser feliz", de Rael da Rima; "Autoconsumo", de No Label; "Consumo", de Plebe Rude; "Forever green", de Tom Jobim.

Sites

- www.akatu.org.br/
- https://institutokairos.net/biblioteca/
- http://envolverde.cartacapital.com.br/
- www.ecycle.com.br/index.php
- www.mundosustentavel.com.br/

Fique ligado! Escreva!

Vivemos em um mundo que estimula o consumo a todo instante: pela TV, pelo rádio, pela Internet, pelas redes sociais, pelos *outdoors*, etc. Será que realmente precisamos de tudo o que já temos e do que ainda pretendemos ter?

Imagine que, a exemplo de Robson Crusoé, você passe a viver em uma ilha deserta, sem nenhum contato com o mundo. O que você acha que realmente seria indispensável ter com você? Pegue uma folha de papel e escreva 10 coisas que você precisaria ter para sobreviver. Depois, leia-as para os colegas da classe.

Shemoto/Shutterstock

De olho no gênero

Em uma sociedade consumista e competitiva como a nossa, em que o consumo é visto como sinônimo de *status* e felicidade, determinadas práticas de linguagem e determinados gêneros cumprem um papel fundamental.

Por meio do debate deliberativo, por exemplo, é possível argumentar, fazer propostas e persuadir outras pessoas, mobilizando-as para uma mudança de comportamento e para a realização de ações concretas, em prol da cidadania e do meio ambiente. Por meio de gêneros como as cartilhas, as dicas, a exposição oral e os painéis, podemos explicar cientificamente alguns fenômenos e, ao mesmo tempo, ensinar a população leiga a agir adequadamente, tendo em vista determinado objetivo. Converse com os colegas e com o professor sobre o que sabe desses gêneros. Depois, leia os textos a seguir.

Hero Images/Getty Images

O debate deliberativo

O debate deliberativo é um gênero relacionado com as formas democráticas de participação social e do exercício da cidadania; por isso, seu contexto de produção são as situações em que um grupo de pessoas reunidas decide como agir socialmente; por exemplo, em uma reunião de jovens voluntários, de membros de uma comunidade, de estudantes ligados ao grêmio estudantil, de trabalhadores de um sindicato, etc. Por meio do debate deliberativo, os participantes não apenas trocam diferentes pontos de vista sobre um tema polêmico, mas também deliberam, isto é, decidem quais ações pretendem realizar a fim de alcançar determinado objetivo.

Sam Edwards/Caiaimage/Getty Images

Apresentação oral e painéis

A exposição oral de ideias remonta aos gregos e romanos da Antiguidade, com a Retórica e a Oratória, e vem sendo estudada e difundida há muitos séculos. No ambiente escolar e acadêmico, tanto a apresentação oral quanto os painéis cumprem a função de divulgar conhecimentos a um público, especializado ou diversificado. Os painéis, com sua capacidade de sintetizar e organizar informações, podem ser utilizados como suporte para a apresentação oral.

Dicas e cartilhas

Por vezes, é necessário informar a população a respeito de certos temas importantes e urgentes, como o combate à dengue e à febre *chikungunya*, a prevenção à tuberculose e à febre amarela. Para isso e para outros fins, existem gêneros como a **cartilha** e as **dicas**. Ambas transmitem informações de forma organizada e acessível, em linguagem comum, e cumprem a função de ensinar a população a agir em relação a certos problemas que a afligem.

Reprodução/Ministério da Saúde

Oficina de Criação

Projeto ▸ Todos contra o desperdício e a favor do nosso planeta

Ao final desta unidade, você vai organizar com seus colegas de classe uma feira contra o desperdício. Para tanto, produzirão cartilhas, textos de dicas e resumos ao longo dos próximos capítulos. No dia da feira, além de lançar as cartilhas e divulgar as dicas, vocês vão promover debates, fazer apresentações orais e expor painéis, tudo em prol do estímulo a um consumo mais consciente. Participe!

CAPÍTULO 1

O DEBATE DELIBERATIVO

O gênero em foco

Você já aprendeu, no 8º ano, o que é um debate regrado e como se participa dele. Neste capítulo, vai conhecer o debate deliberativo, um gênero oral que também pertence à família dos gêneros argumentativos.

Tal como o debate regrado, o debate deliberativo é frequentemente utilizado em situações sociais em que há necessidade de conhecer diferentes ângulos e pontos de vista sobre um assunto polêmico. Porém, além disso, o debate deliberativo tem por finalidade deliberar, isto é, tomar decisões com o intuito de agir e resolver ou encaminhar o problema debatido.

Gênero textual diretamente ligado às práticas sociais democráticas, o debate deliberativo possibilita às pessoas confrontar ideias, apresentar seus pontos de vista, fazer propostas e, democraticamente, votar e deliberar sobre a melhor forma de resolver o assunto em discussão.

As deliberações de um debate

As deliberações geralmente envolvem ações sociais que variam de acordo com a situação, ou seja, com o objetivo de cada uma delas, a quem se dirige, de quanto tempo e de que recursos materiais e humanos se dispõe, etc. Assim, as deliberações podem consistir em medidas como:

Melting Spot/Shutterstock

- produção de faixas, cartazes, folhetos ou cartas abertas dirigidas à comunidade com a finalidade de informá-la a respeito de um problema;
- produção de cartas argumentativas (de reclamação ou de solicitação) ou de um abaixo-assinado a serem encaminhados a uma autoridade;
- produção de um estatuto de normas ou regras;
- organização de uma campanha, de uma manifestação pública ou de uma feira ou uma mostra;
- uma denúncia encaminhada à imprensa falada e escrita;
- produção de um debate público ou de uma assembleia envolvendo toda a comunidade;
- produção de cartilhas e dicas para orientar a população sobre como sanar o problema ou diminuir seus efeitos.

Com a orientação do professor, assista na plataforma Plurall à parte que trata do debate deliberativo e, em seguida, prepare-se para também participar de um.

Preparando o debate deliberativo

Leia os textos a seguir.

4 de outubro de 2016 • Moda

Descarte têxtil e o futuro da moda

Essa cultura do use e descarte em que estamos inseridos gera quantidades imensas de resíduos e impactos negativos ao planeta.

suchai.guai/Shutterstock

Hoje tratamos roupas como bens descartáveis, estimulados pelas tendências passageiras e por peças baratas, nos livramos delas na mesma velocidade que novas coleções chegam às lojas. Já sabemos que essa cultura do use e descarte gera quantidades imensas de resíduos e impactos negativos ao planeta.

O desperdício têxtil é um dos principais problemas da indústria da moda. Somente em 2015, o consumo mundial de tecidos alcançou, aproximadamente, 73 milhões de toneladas, sendo que, apenas, cerca de 20% foram recicladas.

A produção no Brasil no mesmo ano foi de 5,5 bilhões de peças e estima-se que são gerados 175 mil toneladas de resíduos têxteis por ano no país. Desse total, apenas 36 mil toneladas são reaproveitadas na produção de barbantes, mantas, novas peças de roupas e fios.

Diante desse cenário, a recuperação e reciclagem são alternativas que proporcionam benefícios ambientais importantes já que não é necessário o uso de novos recursos. Além disso, elimina-se a necessidade de espaços em aterros, outro grande problema, pois as fibras artificiais não são biodegradáveis, os resíduos têxteis podem eliminar químicos que contaminam o solo e peças feitas de lã ao se decompor produzem metano que contribui para o aquecimento global. Resumindo, a reciclagem e recuperação de fios e tecidos permitem que recursos sejam economizados e a poluição seja reduzida.

Outra opção para essa questão é o processo chamado upcycling, que transforma resíduos ou produtos descartados em novos materiais ou produtos de maior valor, uso ou qualidade. Cada vez mais vemos surgir marcas e iniciativas que utilizam esses resíduos como matéria-prima transformando-os em lindas peças, como é o caso da Comas, ThinkBlue, Mig Jeans, Trappo, Odysse, Misnella, Coletivo de Dois, entre outras. [...]

Iniciativas como o Banco de Tecidos — onde sobras de tecidos e materiais descartados pela indústria e por designers ganham a chance de serem usados em novas criações — e o projeto Retalhar — que utiliza o reaproveitamento de resíduos têxteis como ferramenta para o empoderamento de empreendimentos da economia solidária — são soluções encontradas para minimizar o problema atual.

Se por um lado muitas marcas e projetos estão buscando alternativas para mudar essa situação, seja incorporando tecidos e materiais reciclados em suas coleções e/ou transformando materiais descartados em novos produtos, nós como consumidores também devemos adotar ações para reduzir esse desperdício. Seja incentivando o trabalho dessas marcas, contribuindo com a reciclagem, re-styling e reparos de roupas já existentes. A troca de peças com amigos e familiares, compra em brechós e optar pela qualidade e não quantidade são mudanças no comportamento que causam um impacto significativo no guarda-roupa, no bolso e na natureza.

O que podemos esperar é que o futuro será de lixo zero, economia circular e reutilização total de materiais, para que os recursos naturais, já tão escassos, sejam poupados. Por isso, pense muito bem antes de descartar uma peça do seu guarda-roupa, pois o "lixo" será o novo luxo na indústria de moda.

[...]

(Michelle Narita. Disponível em: http://slowdownfashion.com.br/2016/10/04/descarte-textil-e-o-futuro-da-moda/. Acesso em: 18/3/2019.)

Economia circular

Economia circular é um conceito estratégico que se baseia na redução, reutilização, recuperação e reciclagem de materiais e energia. É um modelo que substitui a economia linear, em que o final da cadeia de produção é o descarte permanente dos produtos. A economia circular é vista como um elemento-chave para promover a dissociação entre o crescimento econômico e o aumento no consumo de recursos naturais.

(Disponível em: http://eco.nomia.pt/pt/economia-circular/estrategias. Acesso em: 18/3/2019.)

Pesquisa mostra que 76% não praticam consumo consciente no Brasil

Por Amelia Gonzalez, G1
25/07/2018

petrmalinak/Shutterstoc

Dia desses, numa reunião em casa de amigos, a conversa girou sobre o conforto "da atualidade" e suas garras malévolas sobre os humanos. Alguém lembrou que o homem já foi criatura de sair à caça, de comer com as mãos, de arrancar coisas com dentes, e hoje se entrega fácil, fácil, a embalagens bonitas no supermercado que trazem frutas e legumes lavados e cortadinhos. A pouca disposição em andar, claro, também entrou no bate-papo, tendo como defensores aqueles que lembravam a dificuldade de se locomover em cidades que não oferecem segurança ou ruas confortáveis.

Em pouco tempo estávamos questionando o sistema econômico do pós-guerra, que estimulou a aquisição de coisas para facilitar a vida de todos, sem ter em conta que não temos espaço para acumular tanto, tampouco para o descarte. Um assunto puxa outro... e acabamos no consumismo exagerado de hoje em dia, mesmo em tempos de crise. A síndrome ataca a todos, mas é nas classes menos abastadas que se vê os sintomas de forma mais aguda. Telefones celulares, por exemplo, viraram objeto de necessidade, assim como capas e enfeites para os aparelhos, vistos aos montes em mercados populares.

O bom de não se desperdiçar pensamento é que as coisas não ficam sendo apenas aquilo que demonstram ser, mas também, talvez sobretudo, aquilo que não revelam.

Por coincidência, hoje o Instituto Akatu publicou o resultado de sua pesquisa sobre consumo consciente, que está na quinta edição, e os resultados não surpreendem muito, além de darem força para o debate sobre a necessidade de se repensar estas duas pernas — produção e consumo — em tempos tão preocupantes, distantes daquela "febre de emoção positiva" que se instalou no pós-guerra. A pesquisa aponta que 76% dos 1.090 entrevistados — homens e mulheres com mais de 16 anos — não praticam o consumo consciente.

"Entre os mais conscientes, 24% têm mais de 65 anos, 52% são da classe AB e 40% possuem ensino superior", revelam os dados, expostos hoje, em São Paulo, pelo presidente do Instituto, Helio Mattar.

Trata-se de uma pesquisa quantitativa, que leva em conta também os resultados do Teste do Consumo Consciente identificados nos primeiros estudos do Akatu. Os resultados, portanto, trazem a chance do reconhecimento da oportunidade de mudar o comportamento. Vai ser preciso, conforme se vê, buscar trazer os mais jovens, os menos escolarizados e os mais pobres para a causa do consumo consciente, de uma vida mais sustentável.

Um dos itens da pesquisa que me chamou a atenção, até porque estava fresca em minha memória a conversa entre amigos sobre o "confortismo", é que uma das barreiras apontadas pelos entrevistados como impeditivas para a adoção de práticas sustentáveis é a necessidade de esforço para se fazer isso.

Segundo eles, ser mais sustentável: "Exige muitas mudanças nos hábitos das famílias; nos hábitos dos próprios respondentes; custam mais caro; exigem que se tenha mais informação sobre as questões, sobre os impactos sociais e ambientais que provocam; é mais trabalhoso. E é mais difícil encontrar para comprar os produtos sustentáveis". Ou seja: para os que responderam à pesquisa, quando a vida exige que se olhe em volta, que se tenha mais cuidados, que se tente descobrir as origens das coisas e como são fabricadas, ela está dando trabalho. E aí, o melhor é optar pelo mais fácil, mesmo que se esteja, assim, provocando maremotos e tsunamis.

[...]

Trinta e sete por cento dos entrevistados não se sentem seguros para mudar seus hábitos porque, no fim das contas, não veem preocupação ambiental nem nas empresas, nem nos governos.

Os pesquisadores dividiram os respondentes em Indiferentes, Iniciantes, Engajados e Conscientes às questões de sustentabilidade.

"Um dos principais resultados da Pesquisa Akatu 2018 foi o crescimento do segmento de consumidores 'iniciantes', que correspondia a 32% em 2012 e neste ano está em 38% — o que mostra que o momento é de recrutamento de consumidores indiferentes para que se tornem iniciantes em sua consciência no consumo", diz o texto da pesquisa [...].

Foram destacadas barreiras, mas também identificados os gatilhos que podem ajudar, por exemplo, um consumidor indiferente a se tornar iniciante no tema. Os gatilhos que levam a práticas mais sustentáveis e a compras de produtos mais sustentáveis que têm mais apelo são aqueles que se referem a impactar o mundo, a sociedade e o futuro: 70% dos respondentes se sentem muito motivados pelos benefícios mais emocionais, menos palpáveis. Enquanto que 45% se sentem muito motivados pelos benefícios concretos.

Para concluir, o estudo diz que o consumidor brasileiro tem vontade, mas ainda não chegou a botar a vontade em prática para levar uma vida mais sustentável. Para isso, ele conta também com empresas, mas 56% das pessoas esperam que as corporações façam mais do que o previsto nas leis e que olhem mais para a sociedade.

Na verdade, desde que estou estudando este tema, não tem mudado muito a disposição da sociedade brasileira em relação a ele. Às vezes me pergunto o motivo de tal distanciamento, e não encontro um único motivo, mas vários. Assim como as soluções também virão assim, no plural. É instigante.

(Disponível em: https://g1.globo.com/natureza/blog/amelia-gonzalez/post/2018/07/25/pesquisa-mostra-que-76-nao-praticam-consumo-consciente-no-brasil.ghtml. Acesso em: 19/3/2019.)

Os textos lidos tratam de consumo, principalmente de roupas, a geração de lixo e a sustentabilidade. Embora o tema da preservação do meio ambiente seja muito explorado pela mídia, estudado por pesquisadores e tratado nas escolas, pouco pensamos diariamente em nossos hábitos de consumo de roupas como causas de poluição.

Na sua opinião, somente as grandes empresas e os governos podem agir para diminuir a poluição e a degradação do meio ambiente ou nós devemos repensar nossas atitudes diárias de consumo? O que nos leva a consumir tanto? Qual é a importância de usar roupas novas para você? Como podemos mudar nossa mentalidade e nossas ações de consumo? Você e sua turma podem contribuir para a amenização desse problema? Como?

Pesquisem o tema, tomem notas e se preparem para o debate.

Thais Circelli/Arquivo da editora

Realizando o debate deliberativo

Com base no que leram e em outras informações pesquisadas por vocês, debatam o tema: **Como repensar seu consumo e combater a poluição gerada pelo descarte de roupas?**.

Durante o debate, utilizem o que aprenderam sobre esse gênero. Assim:

- Escolham um colega para ser moderador e outro para ser secretário, isto é, fazer a inscrição dos que querem falar.
- Definam as regras do debate: tempo total e tempo máximo de cada debatedor, direito e tempo de réplica e de tréplica, etc.
- Lembrem-se dos princípios básicos para um debate democrático: evitar agressividade na linguagem, não levar a discussão para o terreno pessoal, respeitar a opinião do outro, por mais diferente que ela seja da sua.

Filmem o debate para que, posteriormente, possam examinar suas falhas e seus pontos positivos. O filme do debate poderá depois ser apresentado também na feira **Seja solidário, não seja solitário**, que a classe vai montar na **Oficina de Criação** desta unidade.

Deliberando ações

Releiam o item "As deliberações de um debate" e discutam que ações podem ser realizadas pela classe. Façam propostas e submetam-nas à apreciação e à votação de todos. Procurem propor e eleger medidas que sejam de execução possível. Além de examinar as propostas apresentadas pelos alunos no debate a que você assistiu na plataforma Plurall, pensem em outras que estejam mais de acordo com o perfil de sua escola.

Concluído o tempo estipulado para o debate, o moderador pede ao secretário que leia para todos as propostas apresentadas; em seguida, avalia com a classe se há necessidade de juntar ou eliminar algumas das propostas. Por fim, põe em votação as ações ou medidas que serão executadas por todos.

Pondo em prática as deliberações

Provavelmente, algumas das medidas aprovadas poderão ser executadas imediatamente; outras, entretanto, exigirão mais tempo e trabalho coletivo. Sugerimos que estas sejam executadas na **Oficina de Criação** desta unidade.

Avaliando o debate deliberativo

Após a realização do debate, avalie-o com o professor e com a classe, a fim de destacar os aspectos positivos e negativos. Pensem no que pode ser feito para alcançar um resultado melhor em futuros debates. Se o debate foi filmado, assistam a alguns trechos para tirar dúvidas.

Para avaliar o debate, verifiquem:

- As regras estabelecidas foram justas e obedecidas pelos debatedores?
- A regulação das trocas (a tomada da palavra) transcorreu bem? Ou houve alguém que monopolizou a palavra? Se houve, por que isso aconteceu?
- As propostas foram bem apresentadas? Os argumentos foram aprofundados? Houve argumentos repetidos?
- Os debatedores falaram de modo claro, com altura de voz e postura adequadas, olhando para o público?
- Houve agressividade verbal entre os participantes?
- A linguagem dos debatedores foi adequada à situação? Ou houve emprego exagerado de gírias ou expressões repetidas, a ponto de prejudicar a qualidade da exposição?
- As propostas foram bem debatidas? As ações deliberadas foram decididas democraticamente?

Depois que a avaliação do debate for concluída, troquem ideias sobre o que é, para que serve e como se faz um debate deliberativo. A seguir, em grupo, concluam: Quais são as características básicas do debate deliberativo? Respondam levando em conta os critérios a seguir.

- finalidade do gênero:

____

____

- perfil dos interlocutores:

____

____

- suporte/veículo:

____

- tema:

____

____

- estrutura:

____

____

____

- linguagem:

____

____

Para escrever com coerência

A não contradição

Leia este cartum, de Laerte:

© Laerte/Acervo da cartunista

1. Observe os elementos que compõem o cartum.

a) Qual é o lugar em que a personagem principal do cartum se encontra?

b) O homem está em uma situação de trabalho ou de lazer? Justifique sua resposta.

2. Leia o balão de fala da personagem.

a) O comentário do homem é contraditório ou é coerente em relação ao que se espera de pessoas na situação em que ele está? Por quê?

b) E em relação à cena retratada no cartum, o comentário do homem é contraditório ou é coerente? Por quê?

c) O que o descompasso entre o universo da maioria das pessoas em férias e o universo da personagem do cartum provoca no leitor?

____

____

No cartum de Laerte, a **contradição** foi propositalmente explorada como recurso para criar humor. Contudo, nem sempre ela é um recurso.

© Laerte/Acervo da cartunista

Quando não é utilizada intencionalmente, a contradição pode ser um problema, pois os textos, para terem textualidade, precisam apresentar coerência e coesão. A **não contradição** é um dos requisitos fundamentais para que um texto seja coerente.

As contradições de um texto podem se dar de duas formas: internamente e externamente ao próprio texto.

Como exemplo de **contradição interna**, observe as partes destacadas deste parágrafo:

> Por último, **a discriminação social leva à separação de classes**, tornando prejudicados os humildes, **sem chance de integração social**, **que assumem papéis secundários e muitas vezes desprezíveis**.
>
> (Texto de aluno. Apud Maria da Graça Costa Val. *Redação e textualidade*. São Paulo: Martins Fontes, 1994. p. 69.)

Repare que, ao falar da discriminação social, o autor faz uma inversão entre a causa e a consequência, pois a discriminação social não é a causa da separação de classes, e sim o contrário.

Além disso, afirmar que as pessoas humildes não têm chance de integração social e que assumem papéis secundários e desprezíveis constitui outra contradição, pois, se elas assumem papéis sociais, mesmo que em ocupações simples, é porque estão integradas na sociedade.

Observe, agora, um exemplo de **contradição externa**:

> O êxodo rural vem aumentando cada vez mais e formando um crescimento desordenado das áreas urbanas. Estas pessoas não encontrando meios de sobrevivência adequado, passam a viver em favelas.
>
> Nelas, não existindo condições humanas como: higiene, escolas, hospitais, alimentação adequada, assistência social, habitação, irá gerar uma série de danos para esta população, como por exemplo o menor abandonado, que **automaticamente será um marginal para a sociedade**.
>
> (Texto de aluno. Apud Maria da Graça Costa Val, op. cit., p. 71.)

Nesse caso, as ideias do texto, embora não sejam contraditórias entre si, revelam contradições em relação ao que se conhece da realidade, pois nem todo menor abandonado será, **automaticamente**, um marginal. Trata-se de uma generalização simplista, preconceituosa e equivocada.

Assim, como podemos verificar, as contradições que esses dois textos apresentam constituem problemas de **coerência textual**.

Exercícios

Leia o anúncio a seguir e responda às questões 1 a 3.

Reprodução/Volkswagen/AlmapBBDO

1. Observe, na parte visual do anúncio, como o veículo é mostrado.

a) Em relação à maioria dos anúncios de produtos do mesmo tipo, em que a posição do veículo é contraditória?

b) Na sua opinião, por que o veículo é mostrado nessa posição e de maneira distanciada?

____

____

____

2. Associe a imagem do anúncio ao enunciado verbal em destaque.

a) O enunciado confirma a resposta do item **b** da questão anterior? Por quê?

____

____

____

____

b) De que forma o enunciado aprofunda a contradição quanto ao que se espera de um anúncio?

____

____

3. Apesar de apresentar uma contradição, o anúncio como um todo é coerente.

a) Releia o texto em letras menores que vem abaixo do título:

Vai aí a Kombi.
Em breve, em nenhuma concessionária perto de você.

Todo carro merece um anúncio de lançamento. Mas só um ícone como a Kombi merece também um anúncio de deslançamento.

Isso mesmo, a última Kombi do mundo será fabricada no final deste ano. E, como toda Kombi, já vai sair sem computador de bordo, sem airbag, sem freios ABS, sem painel touchscreen. Mas com estilo retrô e charme de fábrica.

O carro que fez diferença na vida de tanta gente está se aposentando, mas vai deixar muitas lembranças. Conte a sua no site **vw.com.br/kombi.**

Vem aí, ou melhor, vai aí a Kombi. O deslançamento menos esperado da indústria automobilística mundial.

Das Auto.

Reprodução/Volkswagen/AlmapBBDO

Que afirmação feita nesse texto reafirma a coerência do anúncio?

____

____

____

____

b) Qual é o verdadeiro objetivo do anunciante ao publicar esse anúncio?

Leia o texto a seguir, que estabelece uma comparação entre a capacidade de um computador e a do cérebro humano. Fique atento(a): no final do texto houve uma alteração proposital.

[...] Vamos fazer uma tentativa de comparação direta entre humanos e computadores desempenhando a mesma tarefa.

É fácil — mas cada dia mais difícil — inventar uma tarefa que um ser humano sozinho possa fazer mais rápido que todos os computadores do mundo. As pessoas, por exemplo, se dão muito melhor em olhar a foto de uma cena e desvendar o que acaba de acontecer.

Randall Munroe/Cia. das Lestras

Para testar essa teoria, enviei esse desenho para a minha mãe e perguntei o que *ela* achava que havia acontecido. Ela respondeu de cara: "A criança derrubou o vaso e o gato está conferindo o estrago".

Ela foi esperta em recusar hipóteses alternativas, tais como:

- O gato derrubou o vaso.
- O gato pulou do vaso e se jogou na criança.
- A criança estava sendo perseguida pelo gato e tentou escapar escalando o aparador com uma corda.
- Essa casa tem um gato selvagem, e alguém jogou um vaso nele.

- O gato estava mumificado no vaso, mas despertou quando a criança tocou no vaso com a corda mágica.
- A corda que segurava o vaso se partiu, e o gato está tentando consertar o objeto quebrado.
- O vaso explodiu, o que chamou a atenção da criança e do gato. A criança pôs o chapéu para se proteger de novas explosões.
- A criança e o gato estavam correndo pela casa tentando pegar uma cobra. Ela finalmente conseguiu capturá-la e a amarrou com um nó.

Nenhum computador do mundo descobriria a resposta certa mais rápido que um pai ou uma mãe. Mas isso se dá porque os computadores foram programados para descobrir esse tipo de coisa, mas os cérebros não foram treinados durante milhões de anos de evolução para serem bons em desvendar o que os outros cérebros à sua volta fazem e por quê.

Por isso, poderíamos escolher uma tarefa que desse vantagem aos humanos. Mas aí não teria graça: os computadores são limitados pela capacidade que temos de programá-los, ou seja, já sairíamos com a vantagem.

(Randall Munroe. *E se?*. Tradução de Érico Assis. São Paulo: Companhia das Letras, 2014. p. 116-117.)

4. Os dois últimos parágrafos do texto estão em contradição com os parágrafos anteriores por causa de uma alteração propositalmente feita no texto original. Isso ocorre porque a palavra **não** foi deslocada de um lugar para outro. Releia o texto procurando descobrir, pela coerência das ideias, os trechos em que ocorreram as alterações.

5. No segundo parágrafo do texto, o autor afirma: "É fácil — mas cada dia mais difícil — inventar uma tarefa que um ser humano sozinho possa fazer mais rápido que todos os computadores do mundo".

Considerando o contexto, existe contradição na afirmação de que "é fácil — mas cada dia mais difícil"? Justifique sua resposta.

CAPÍTULO

2

AS DICAS E A CARTILHA

O gênero em foco

Há gêneros que são produzidos com o objetivo de influenciar diretamente seus interlocutores e divulgar atitudes que possam solucionar ou minimizar problemas enfrentados pela sociedade, como o contágio de doenças, os acidentes de trânsito ou domésticos, a falta de respeito por direitos. As dicas e a cartilha educativa são gêneros que têm essas funções.

laymanzoom/Shutterstock

A dica

Leia o texto a seguir.

10 dicas para aplicar o consumo consciente no seu dia a dia

Leonardo Borges

Consumir de maneira consciente é pensar nas consequências dos nossos atos de compras e o quanto eles impactam na qualidade de vida no planeta. Afinal, qual é o legado que deixaremos para as futuras gerações?

Mudanças de hábito simples no seu dia a dia fazem uma grande diferença e ajudam a diminuir o impacto que causamos.

Listamos 10 dicas para você adaptar seu cotidiano a uma filosofia de vida mais sustentável. Confira!

1. **Antes de comprar, faça a si mesmo as 6 perguntas do consumo consciente**

   Por que comprar? O que comprar? Como comprar? De quem comprar? Como usar? Como descartar? [...]

2. **Desperdício de comida**

   Antes de comprar os alimentos no supermercado confira a data de validade, no intuito de saber se realmente há tempo para você consumi-los. Seja criativo e procure aproveitar as sobras de comida em receitas novas. O **Favela Orgânica** faz um trabalho lindo, por exemplo!

3. Separe corretamente o lixo para reciclagem

A forma mais simples de separar é isolar o lixo seco (embalagens, papéis, revistas, etc.) do molhado (restos orgânicos como cascas de frutas, talos de verduras, restos de comida, etc.), que podem ser transformados em adubo.

4. Supermercado

Procure fazer uma lista com os produtos necessários, assim você não compra nada além do que realmente precisa. Isso vale principalmente para os legumes e as frutas, que estragam mais facilmente. Outra dica legal é dar preferência para produtos locais, pois, se eles foram fabricados em sua região, seu transporte até o mercado emitiu menos gases nocivos à atmosfera por conta da distância menor percorrida.

5. Dê preferência ao refil

As embalagens de refis geralmente utilizam menos matéria-prima para sua fabricação. Dessa forma, diminuímos o impacto nos recursos naturais para produção de novas embalagens.

6. Evite produtos com muitas embalagens

Quanto mais embalado for um produto, maior será a quantidade de lixo gerado. Evite embalagens descartáveis, dê preferência às recicláveis ou feitas de material reciclado.

7. Empréstimos

Existem coisas que só são necessárias em situações pontuais. Nesses casos, a melhor coisa a se fazer é emprestar esses objetos ao invés de comprá-los. Isso vale para livros, furadeiras, ferramentas, entre outros. Existem aplicativos e feiras de troca para isso [...].

8. Reaproveitamento do óleo vegetal

O óleo de cozinha polui a água, impermeabiliza o solo, entope canos e prejudica muito o funcionamento das estações de tratamento de água quando é descartado de maneira incorreta. Deste modo, procure pontos de coleta de óleo em sua cidade, pois este mesmo produto é útil para a confecção de tintas, sabão, detergentes e biodiesel.

9. Produtos de limpeza

Diminua o uso de produtos de higiene e limpeza e priorize produtos feitos com ingredientes naturais que não degradem o meio ambiente. Dessa forma, você reduz o nível de poluentes presente nos rios.

Rawpixel.com/Shutterstock

10. Divulgue o consumo consciente

Seja um militante da causa: sensibilize outros consumidores e dissemine informações, valores e práticas do consumo consciente. Monte grupos para mobilizar seus familiares, amigos e pessoas mais próximas.

(Disponível em: http://autossustentavel.com/2018/10/dicas-consumo-consciente.html. Acesso em: 21/3/2019.)

O texto é composto de dicas sobre o consumo consciente. As dicas podem compor outros textos, como reportagens, folhetos informativos, cartazes e cartilhas educativas.

1. Como a maior parte do texto está estruturada: em tópicos ou em parágrafos?

2. Além das dicas, o texto apresenta alguns parágrafos de introdução. Qual é a função deles?

3. Analise os verbos empregados nas dicas:

a) Em que modo está a maioria dos verbos empregados?

b) Por que esse modo verbal é utilizado?

4. A linguagem empregada no texto é direta e objetiva ou detalhada e subjetiva?

5. Cada dica é composta de um título seguido de texto breve.

a) Os títulos do texto lido não seguem uma estrutura padrão (por exemplo, verbo no imperativo seguido de complementos). Escolha uma das estruturas empregadas em um dos títulos e padronize os outros.

b) Discuta com os colegas: Os títulos reescritos com a mesma estrutura tornam o texto melhor ou não mudam nada?

c) Qual é a função dos textos que acompanham os títulos?

6. O texto lido está disponível em um *site* chamado *Autossustentável: sustentabilidade ao alcance de todos*.

a) O autor do texto é identificado como cofundador do *site*, estatístico e mestrando em "População, território e estatísticas públicas". Levando em conta essas informações, o que podemos afirmar sobre o perfil do autor em relação ao assunto do texto?

____

b) Levante hipóteses: A quem o texto se destina?

____

____

____

____

7. Em grupo, concluam: Quais são as características básicas das dicas? Respondam levando em conta os critérios a seguir.

- finalidade do gênero:

____

____

____

- perfil dos interlocutores:

____

____

____

Abaixo-assinado e cartaz

Em anos anteriores, você estudou outros gêneros que têm como objetivo principal promover mobilização social, como o abaixo-assinado e o cartaz. As pesquisas realizadas por vocês para produzirem as dicas também podem ser veiculadas na forma de cartazes, que poderão ajudar a compor a feira de conscientização contra o desperdício. Outra possibilidade é criar um abaixo-assinado para ser assinado pelo público da feira e enviado a autoridades (da escola, da cidade, do Estado ou mesmo do país).

- suporte/veículo:

____

- tema:

____

- estrutura:

____

____

- linguagem:

____

____

Agora é a sua vez

Como você já sabe, ao final desta unidade, você e seus colegas vão organizar uma feira contra o desperdício. Para orientar o público da feira sobre o tema, produza dicas que poderão ser expostas em cartazes ou compor cartilhas educativas sobre o tema.

Escolha um dos temas abaixo ou outro relacionado ao desperdício para, em grupo, produzir dicas:

- Consumo consciente de roupas
- Consumo e descarte de plástico
- Quantidade de lixo doméstico
- Reaproveitamento e descarte de lixo eletrônico
- Consumo consciente de produtos de higiene pessoal e beleza

Planejamento do texto

- Pesquisem em *sites* especializados, revistas e livros sobre o tema escolhido. Vocês também podem entrevistar especialistas.
- Pensem no perfil do público-leitor.
- Reúnam as informações coletadas na pesquisa e planejem quais serão as dicas para orientar o público de maneira clara e direta.
- Organizem o texto em tópicos: cada dica deve compor um tópico, formado por um breve enunciado introdutório e, no máximo, uma ou duas frases com informações que expliquem e justifiquem a dica dada.
- Deem um título chamativo ao texto.

Revisão e reescrita

Concluída a produção de dicas, releiam-nas, observando:

- se o conteúdo das dicas apresenta de maneira apropriada o conteúdo pesquisado, sem erros conceituais ou possíveis confusões;
- se cada dica apresenta um enunciado introdutório e explicação ou justificativa para a orientação dada;
- se o texto está escrito em tópicos, todos em linguagem direta, clara e objetiva, dando preferência ao uso do modo verbal imperativo;
- se o título do texto é chamativo e se relaciona ao tema do desperdício.

Façam as alterações necessárias e guardem os textos para publicação na feira do capítulo **Oficina de Criação**.

Thais Circelli/Arquivo da editora

A cartilha

As **cartilhas** são geralmente produzidas por órgãos governamentais, instituições, organizações e grupos da sociedade civil, para orientar a população a respeito de diferentes problemas e divulgar, em linguagem acessível e a um público leigo, conhecimentos científicos, condutas recomendadas ou documentos técnicos.

Leia, a seguir, parte de uma cartilha sobre alimentação sustentável:

Reprodução/<http://www.cfn.org.br/>

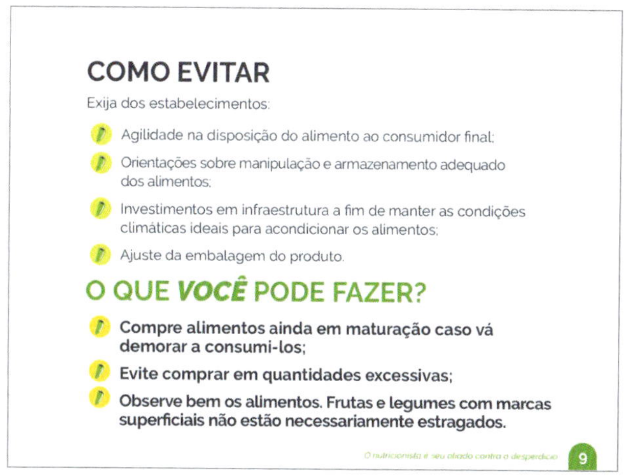

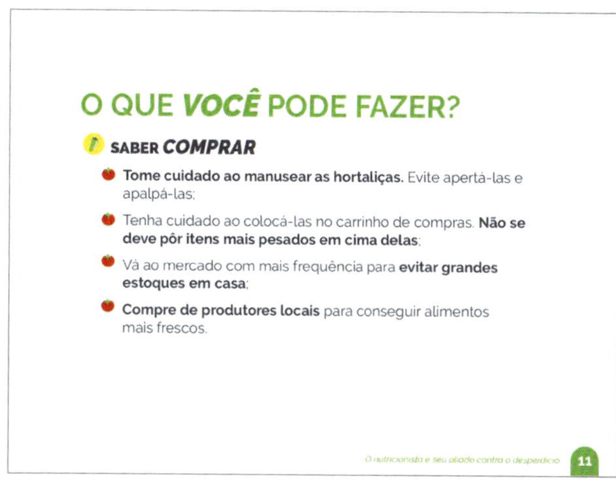

Reprodução/<http://www.cfn.org.br>

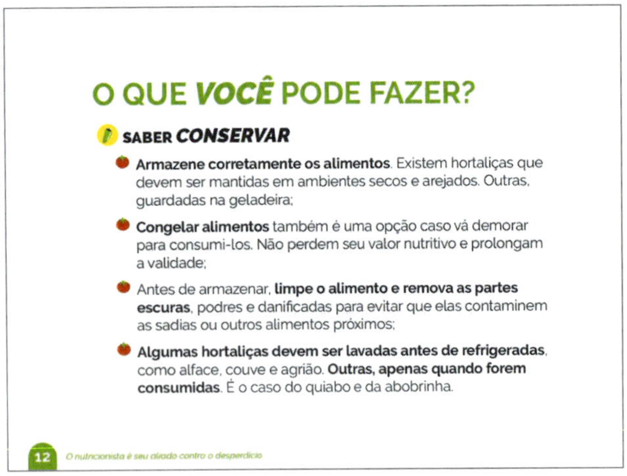

O QUE *VOCÊ* PODE FAZER?

SABER *CONSERVAR*

- **Armazene corretamente os alimentos**. Existem hortaliças que devem ser mantidas em ambientes secos e arejados. Outras, guardadas na geladeira;
- **Congelar alimentos** também é uma opção caso vá demorar para consumi-los. Não perdem seu valor nutritivo e prolongam a validade;
- Antes de armazenar, **limpe o alimento e remova as partes escuras**, podres e danificadas para evitar que elas contaminem as sadias ou outros alimentos próximos;
- **Algumas hortaliças devem ser lavadas antes de refrigeradas**, como alface, couve e agrião. **Outras, apenas quando forem consumidas**. É o caso do quiabo e da abobrinha.

12 *O nutricionista é seu aliado contra o desperdício*

O QUE *VOCÊ* PODE FAZER?

SABER *APROVEITAR*

- **Aproveite integralmente os alimentos**. Há deliciosas receitas com talos, folhas de verduras e cascas de frutas e legumes orgânicos;
- **Utilize as sobras** de refeições anteriores. Faça uma farofa ou uma canja de galinha com a carne que sobrou, dentre outros pratos.

O nutricionista é seu aliado contra o desperdício 13

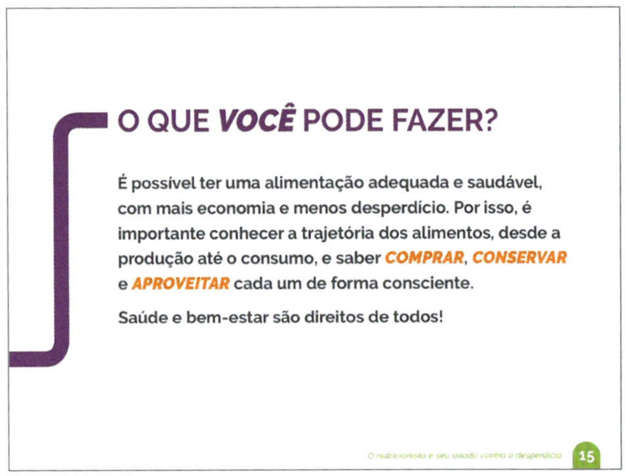

O QUE *VOCÊ* PODE FAZER?

É possível ter uma alimentação adequada e saudável, com mais economia e menos desperdício. Por isso, é importante conhecer a trajetória dos alimentos, desde a produção até o consumo, e saber *COMPRAR*, *CONSERVAR* e *APROVEITAR* cada um de forma consciente.

Saúde e bem-estar são direitos de todos!

O nutricionista é seu aliado contra o desperdício 15

(Disponível em: http://www.cfn.org.br/wp-content/uploads/2018/03/Cartilha-desperdicio.pdf. Acesso em: 20/3/2019.)

1. Observe a capa da cartilha.

a) Qual é o título dela?

____

____

b) Qual é o objetivo do responsável por sua divulgação?

____

____

c) Quais são os órgãos responsáveis por sua produção?

____

d) A quem ela se destina?

____

2. As cartilhas buscam sensibilizar o público sobre um problema, divulgando um conhecimento especializado, para que as recomendações dadas sejam adotadas.

a) Releia o texto verbal da página 3 da cartilha. Que estrutura verbal é utilizada a fim de chamar a atenção do público para o problema do desperdício de alimentos?

____

____

b) Qual é o argumento utilizado para convencer o leitor a aderir às atitudes recomendadas?

____

____

c) Que dados sustentam esse argumento?

____

____

3. A cartilha aborda as causas do desperdício dos alimentos desde a produção, passando pelo transporte e pela comercialização, até o consumo doméstico.

a) Quais são os estágios abordados no trecho lido?

____

b) Observe as páginas 8 e 9 da cartilha. Qual é a relação entre elas?

____

____

4. Observe os verbos empregados nas seções "O que você pode fazer".

a) Em que modo verbal esses verbos estão empregados? Por que esse modo é utilizado?

____

b) Os verbos empregados nas outras seções estão no mesmo modo verbal? Justifique sua resposta, tendo em vista a função de cada seção.

____

5. O estágio do desperdício doméstico é acompanhado de três seções diferentes intituladas "O que você pode fazer".

a) Deduza: Por que as instruções foram divididas em três seções?

____

____

b) Você conhecia essas medidas? Acredita que pode colocá-las em prática em sua casa, juntamente com sua família?

____

____

c) Podemos considerar as instruções dadas como dicas? Justifique sua resposta.

6. O negrito é usado para destacar algumas palavras ao longo do texto da cartilha. Por que a palavra **você** recebe destaque em toda a cartilha?

7. Observe as imagens que constituem a parte não verbal da cartilha. Algumas delas podem ser consideradas ilustrações e outras constituem infográficos.

a) Em que página está a imagem que pode ser considerada um infográfico?

b) Qual é a função do infográfico na cartilha?

8. Após o estudo da cartilha, conclua com os colegas, em grupo: Quais são as características básicas da cartilha? Respondam levando em conta os critérios a seguir:

- finalidade do gênero:
- perfil dos interlocutores:
- suporte/veículo:
- tema:
- estrutura:
- linguagem:

Reprodução/<http://www.cfn.org.br>

Agora é a sua vez

Como você sabe, ao final desta unidade, vocês vão organizar uma feira contra o desperdício. Para orientar os visitantes da feira, você vai agora elaborar algumas cartilhas educativas sobre o tema.

Reúna-se em grupo com seus colegas e produzam cartilhas educativas sobre algum dos temas sugeridos a seguir ou outro relevante para a sua escola.

- Responsabilidade social e ecológica de grandes marcas
- Roupas: consumo e descarte
- Plástico: consumo e descarte
- O problema do lixo doméstico
- Descarte correto do lixo eletrônico

SmallSnail/Shutterstock

Há grande variedade de formas de apresentação desse gênero: há cartilhas em formato de histórias em quadrinhos, cartilhas com dicas e sugestões em tópicos, outras com infográficos. Além disso, são muito comuns em cartilhas boxes explicativos como "Você sabia?" ou "Como fazer?". Considere essas características no planejamento de sua cartilha.

Planejamento do texto

- Pesquisem cartilhas educativas em postos de saúde, organizações não governamentais, na própria escola e na Internet.
- Analisem as cartilhas encontradas para terem ideias. Registrem: título, responsável, público-alvo, organização, recursos não verbais (como imagens, cores, mapas, infográficos, boxes, etc.).
- Discutam com o grupo quais das características e dos recursos encontrados vocês vão utilizar, pensando no objetivo da cartilha.
- Planejem que textos vão compor a cartilha: explicações sobre as causas e consequências do problema, gráficos, trechos de leis e documentos técnicos, resultados de pesquisas.
- Utilizem uma linguagem clara, direta e objetiva, adequada ao público da cartilha.
- Planejem a ordem em que cada informação vai aparecer.
- Produzam ou busquem imagens que possam ilustrar a cartilha.
- Produzam a capa e escolham o título.

Revisão e reescrita

Antes de finalizar o texto, confiram:

- se a cartilha cumpre seu papel de conscientizar um público amplo de determinado problema e orientá-lo;
- se a linguagem é clara e objetiva;
- se recursos não verbais complementam as informações e instruções da cartilha;
- se há boxes explicativos e curiosidades que despertam o interesse do leitor;
- se a organização da cartilha facilita a leitura e se há a progressão das instruções e informações;
- se a capa e o título são chamativos, atraentes e evidenciam o objetivo da cartilha.

Passem a limpo ou digitalizem a cartilha para o lançamento no capítulo **Oficina de Criação**.

CAPÍTULO

3

APRESENTAÇÃO ORAL E PAINEL

O gênero em foco

A apresentação oral

No livro do 6º ano, você estudou e produziu uma apresentação oral. Você viu que, na escola, em empresas, na universidade, em órgãos públicos, há situações de comunicação em que uma pessoa ou um grupo de pessoas precisa apresentar oralmente um tema que domina para uma plateia interessada: são palestras, apresentações orais ou seminários — nomes diferentes para atividades bastante semelhantes.

Melting Spot/Shutterstock

Monkey Business Images/Shutterstock

Reúna-se em grupo com os colegas ou com a sala toda e debatam as seguintes questões:

1. Em que situações vocês já assistiram a apresentações orais?
2. Quem eram as pessoas responsáveis pela fala? Quais eram seus papéis sociais na situação — aluno, pesquisador, professor, escritor, celebridade, profissional de determinada área, representante de órgão público?
3. Vocês acham que as pessoas que realizam apresentações orais estudaram o assunto antes de falar, prepararam suas falas ou falaram de maneira espontânea?

As **apresentações orais** são práticas em que pessoas, especialistas em um assunto, falam para uma plateia sobre um tema específico por tempo determinado. O objetivo dessas falas é divulgar conhecimentos, ideias, experiências, vivências e iniciativas para um grande público ou para um público também especializado — o que demanda adequações por parte do apresentador em razão do perfil do público.

Mesmo sendo orais, essas apresentações requerem estudo e preparação escrita anterior. Recursos visuais normalmente são usados para enriquecer essas apresentações, tais como *slides* preparados para serem projetados, cartazes, painéis ou esquemas impressos distribuídos ao público.

Assista à apresentação oral "Que fruta você está vestindo hoje", realizada por Sylmara Dias, disponível no *site* TEDx Talks pelo seguinte *link*: https://www.youtube.com/watch?v=hAEFz8sZKew.

TZIDO SUN/Shutterstock

Matej Kastelic/Shutterstock

O que é TED?

TED é uma organização sem fins lucrativos que defende o lema "ideias que merecem ser compartilhadas". Começou há 26 anos como uma conferência na Califórnia. Em uma conferência TED, pessoas de todo o mundo são convidadas a dar a melhor palestra de suas vidas em 18 minutos ou menos.

O TED conta com um *site* (TED.com), no qual novas palestras são postadas diariamente. As palestras, chamadas de "TED Talks", já foram traduzidas em mais de 90 idiomas.

A iniciativa TEDx concede licenças livres para as pessoas ao redor do mundo que desejam organizar eventos no formato TED em suas comunidades. Mais de 5.000 eventos TEDx foram realizados.

Mr.Whiskey/Shutterstock

(Fonte: https://www.tedxdantealighierischool.com.br/o-que-e-tedtedx/. Acesso em: 4/4/2019.)

1. Retome o título da palestra.

a) Antes de assistir à apresentação, o título parece ser coerente? Por quê?

____

____

b) Após assistir à fala de Sylmara Dias, responda: Qual é o sentido do título da palestra?

____

____

c) Você considera que o título desperta o interesse do público? Justifique sua resposta.

____

____

____

2. Sobre a fala da palestrante:

a) A palestrante lê um texto ou fala sobre o tema?

____

b) Ela fala sem hesitações e repetições ou em alguns momentos hesita, reformula, repete?

____

____

c) Sobre a voz e o ritmo da fala: Ela fala alto ou baixo, rápido ou devagar? Por que você acha que ela adota essa maneira de falar?

____

____

____

3. Sylmara Dias é professora doutora da Escola de Artes, Ciências e Humanidades da Universidade de São Paulo e orientadora do Programa de Ciências Ambientais e doutora em Ciência Ambiental, também pela Universidade de São Paulo. Assim, qual é a relação dela com o tema que aborda em sua apresentação?

____

____

____

4. A palestrante utiliza recursos visuais. O que é projetado ao longo de sua fala?

____

____

____

____

5. Além de recursos visuais, que outros recursos complementares a palestrante utiliza?

____

____

6. Levante hipóteses: Para quem a apresentação oral foi destinada?

7. Sylmara levantou dados alarmantes sobre o desperdício de alimentos nas feiras livres da cidade de São Paulo.

a) Qual é a quantidade de alimentos que vão para o lixo por dia?

b) Além da fala, como esse dado é apresentado?

c) Para a palestrante, não é só o alimento que é desperdiçado nas feiras. O que mais é desperdiçado?

d) Que soluções criativas Sylmara propõe para diminuir esse desperdício?

Oratória: a arte de falar em público

Você sabia que, desde a Grécia antiga, existem especialistas que estudam e teorizam a arte de falar em público?

Falar em público não é um dom. É uma habilidade que pode ser exercitada e aprimorada ao longo de toda a vida. Além de domínio do tema, falar em público requer o conhecimento de algumas técnicas. Entre elas, estas:

- Procure falar com naturalidade, como se estivesse à vontade, mesmo que esteja nervoso(a).
- Nunca diga que está nervoso(a) ou inseguro(a). O público vai começar a prestar atenção no seu nervosismo.
- Mostre-se uma pessoa simpática e acessível ao público.
- Procure ir alterando sua entonação e altura de voz para não cansar o público.
- Não gesticule nem se movimente demais para que o espectador não perca a atenção.
- Não olhe para uma única pessoa durante a apresentação; olhe para o fundo da sala e faça sua voz chegar até o fundo do recinto.
- Se for responder a uma pergunta de quem está na frente, diga em voz alta qual foi a pergunta, para que todos possam ouvir, e, ao dar a resposta, procure envolver todos os espectadores, e não apenas a pessoa que perguntou.
- Evite certas expressões de apoio da fala, como **né?**, **tá**, **huummm**, etc., pois elas prejudicam a fluência da exposição e desviam a atenção.
- Evite gírias, expressões pouco conhecidas e palavras de baixo calão. Procure empregar uma variedade linguística próxima da norma-padrão, sem formalidade excessiva.

8. As informações e explicações da apresentadora foram suficientes para você entender o assunto?

9. Observe a postura da palestrante. Ela se apresenta de maneira cuidada ou relaxada? Como você percebeu isso?

10. Você já estudou, no 6º ano, as etapas mais comuns de uma exposição oral. Vamos retomá-las:

1. Abertura (cumprimentos e apresentação da pessoa que vai expor). →
2. Introdução do tema da exposição: sobre o que vai tratar. →
3. Apresentação dos tópicos que serão abordados ao longo da fala. →
4. Desenvolvimento dos tópicos, com exemplos, dados retirados de outros textos, citações de autores, etc. →
5. Conclusão: breve retomada, resumo da fala, seguido de fechamento. →
6. Encerramento: agradecimentos e abertura para perguntas e comentários da plateia.

a) Quais etapas estão presentes na fala da palestrante?

b) Ela não fez a apresentação dos tópicos que iria abordar na sequência. Você acha que, se os tivesse apresentado, você acompanharia melhor a exposição?

c) Levante hipóteses: Por que a palestrante não se apresentou?

d) O que mais você adicionaria à fala da palestrante?

11. A palestrante tenta convencer o público da importância de evitar o desperdício de alimentos e pensar em soluções inovadoras.

a) Quais são os argumentos utilizados por ela?

b) Qual estratégia ela utiliza para fechar sua fala?

c) Você acha que ela conseguiu convencer o público?

12. Reúna-se com seus colegas de grupo e, juntos, concluam: Quais são as características básicas da exposição oral? Respondam, levando em conta os seguintes critérios.

- finalidade do gênero:
- perfil dos interlocutores:
- suporte/veículo:
- tema:
- estrutura:
- linguagem:

Agora é a sua vez

Reúna-se com seus colegas de grupo e, com a orientação do professor, escolham um dos temas a seguir e preparem uma apresentação oral.

- Iniciativas inovadoras para diminuir o lixo doméstico
- Ideias criativas para a reciclagem ou reutilização de materiais
- Para onde vai nosso lixo: o problema dos lixões no Brasil
- Como o mundo está lidando com a produção e o descarte de lixo
- Embalagens biodegradáveis e outras soluções para o problema do lixo plástico no mundo

Vocês podem ainda selecionar temas já tratados nos capítulos anteriores e aprofundá-los para preparar a apresentação oral.

As apresentações serão realizadas também durante a feira **Todos contra o desperdício e a favor de nosso planeta**, a ser organizada na **Oficina de Criação**. Na escolha dos temas, é importante não haver repetição, pois, assim, o público da feira poderá ter acesso a conhecimentos variados sobre a questão do consumo, do desperdício e das formas de reaproveitamento de materiais hoje em dia.

Planejamento do texto

- Definido o tema, iniciem a preparação da apresentação oral, considerando todas as etapas que envolvem a produção desse gênero textual: pesquisa, tomada de notas, seleção e organização de informações, produção de roteiro ou esquema para orientar a fala.
- Para a pesquisa, busquem adensar o que já possuem com mais dados científicos, disponíveis em revistas de divulgação científica, *sites* de confiança, caderno de ciências de jornais, enciclopédias e livros. Vocês também podem conversar com professores de Ciências e Geografia sobre o tema e fazer anotações. Tomem notas das informações mais importantes, sempre registrando a fonte.
- Decidam em conjunto o tempo que cada grupo terá para realizar sua apresentação, reservando alguns minutos para as perguntas e os comentários do público.
- Produzam um roteiro para a apresentação. Geralmente, os roteiros são organizados em tópicos ou palavras-chave para ajudar o palestrante a se lembrar do que falar e em que ordem.
- Planejem os recursos complementares à fala, como *slides*, vídeos e áudios, cartazes ou esquemas a serem entregues impressos ao público.
- Realizem ensaios da apresentação do grupo e filmem um deles. Controlem o tempo de fala durante o ensaio.

Revisão da apresentação oral

Antes de realizarem as apresentações na feira contra o desperdício, é importante rever e alterar as apresentações orais, adotando as ações detalhadas a seguir.

- Assistam à filmagem do ensaio que fizeram, observando se a sequência e o andamento da apresentação oral compõem-se de: cumprimento ao público, apresentação e desenvolvimento do tema, conclusão, encerramento.
- Observem também se a sequência e o andamento da apresentação fluem com naturalidade e se, na mudança de apresentador, ocorre o uso de expressões como "Vocês vão ver agora...", a fim de indicar que uma parte tem ligação com outra.
- Verifiquem se o conteúdo da fala está relacionado de maneira clara aos recursos visuais e/ou sonoros.
- Observem se a postura do apresentador, a linguagem e a altura da voz estão adequadas.
- Façam avaliações conjuntas das apresentações gravadas de todos os grupos para serem revistas e reapresentadas no dia da feira contra o desperdício.

Painéis

Em eventos científicos, congressos e feiras, é muito comum a realização de uma sessão de painéis, também chamados de pôsteres. Nela, os expositores registram suas pesquisas com os principais resultados, geralmente em tópicos, e com o uso de recursos visuais como gráficos, tabelas, infográficos, mapas e imagens diversas.

Observe os textos a seguir.

Painel 1

Reprodução/Arteris/Autopista Litoral Sul

Painel 2

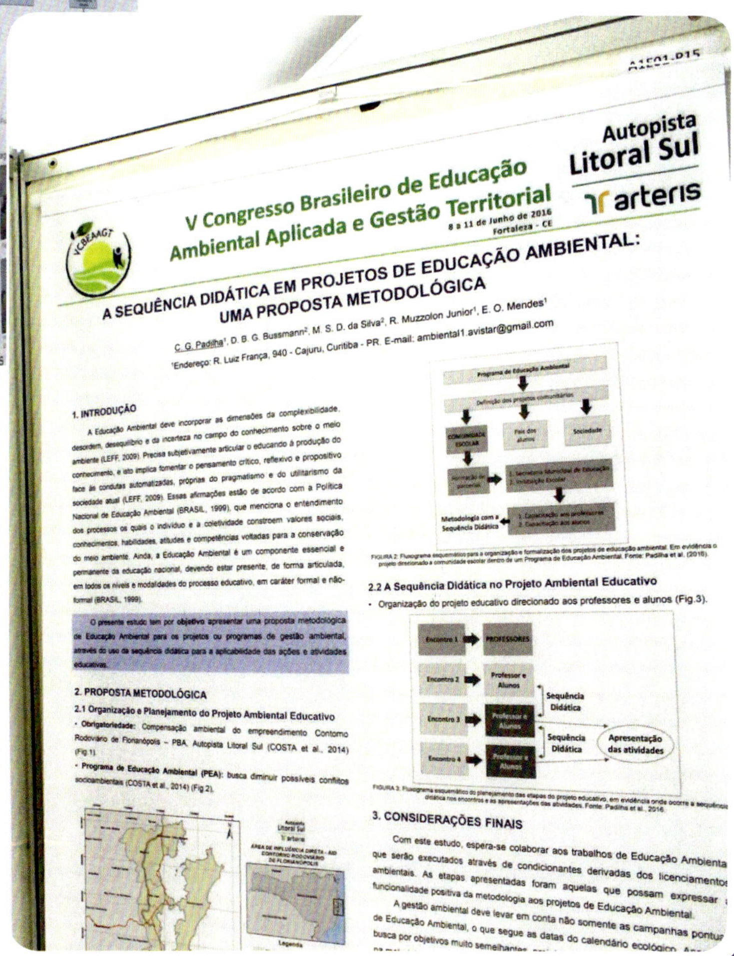

Reprodução/Arteris/Autopista Litoral Sul

(Disponível em: http://www.contornodeflorianopolis.com.br/tag/educacao-ambiental/. Acesso em: 30/3/2019.)

Painel 3

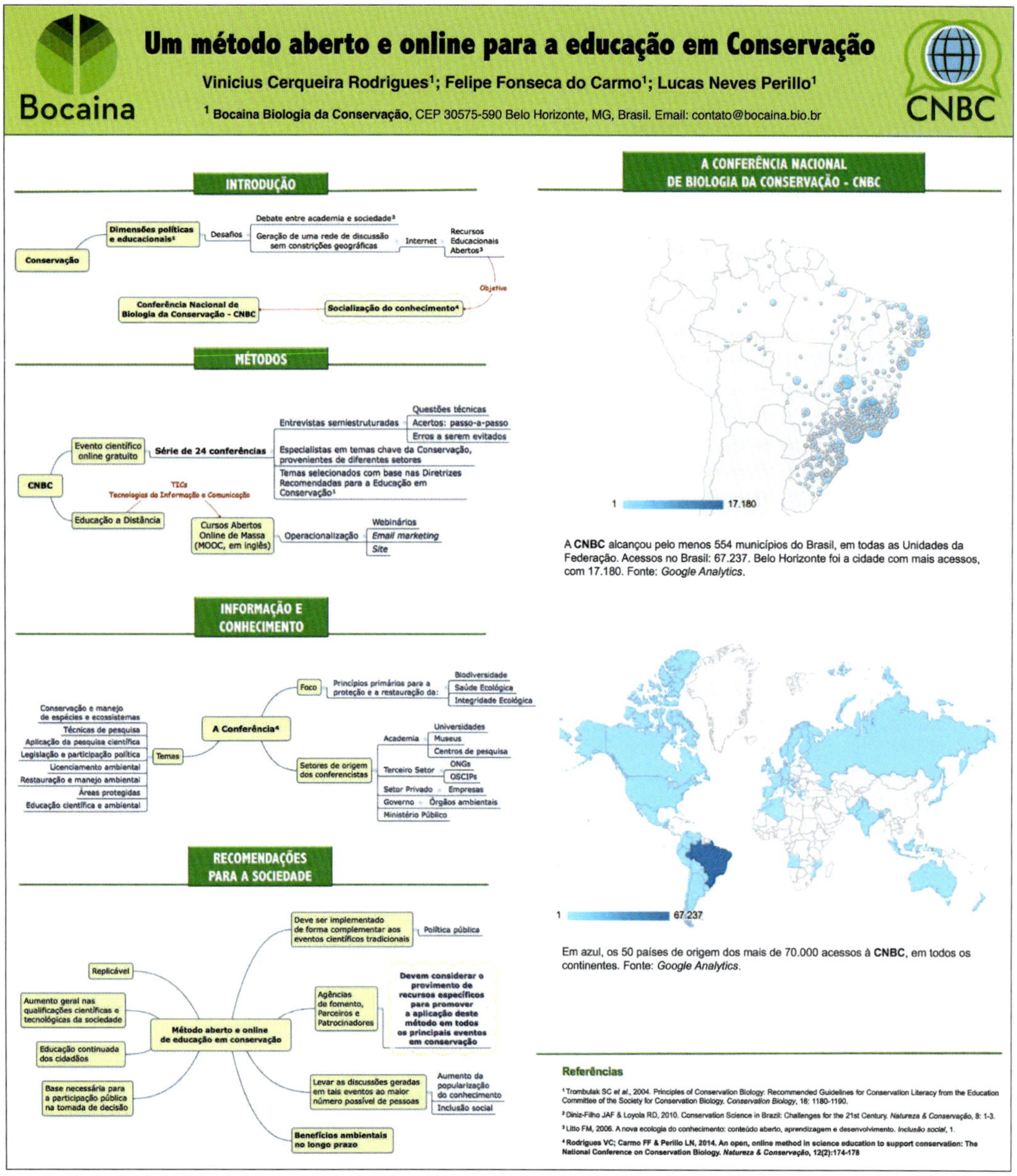

Reprodução/<http://www.biologiadaconservacao.com.br>

(Disponível em: https://marcoarmello.wordpress.com/2012/03/13/poster/. Acesso em: 30/3/2019.)

1. Observe os três painéis. O que há de semelhante na parte superior central de todos eles?

____

____

2. Os painéis 1 e 2 apresentam o nome do evento em que foram expostos — V Congresso Brasileiro de Educação Ambiental Aplicada e Gestão Territorial.

a) Além do nome completo, qual é a outra identificação do evento nos painéis 1 e 2?

____

b) Observe o painel 3. Há o nome completo do evento em que foi exposto?

____

c) Há alguma referência ao evento no painel 3?

____

3. Além da identificação dos autores, os painéis apresentam alguma identificação das instituições a que os autores são filiados. Quais são elas?

____

____

____

4. Nos três painéis:

a) Há a predominância de textos organizados em parágrafos ou em tópicos e esquemas?

____

b) A introdução dos painéis 1 e 2 foi feita de maneira diferente do restante do painel. Como ela foi apresentada?

____

____

5. Observe os três painéis:

a) Em qual(quais) deles podemos identificar esquemas?

____

b) Em qual(quais) deles podemos identificar mapas?

____

c) Em qual(quais) deles podemos identificar fotografias?

____

6. Leia a definição de infográfico. Depois, observe os mapas do painel 3 e responda:

infográfico

- **adjetivo**
  1 relativo a infografia.
- **substantivo masculino**
  Rubrica: editoração, jornalismo.
  2 apresentação de informações com preponderância de elementos gráfico-visuais (fotografia, desenho, diagrama estatístico etc.) integrados em textos sintéticos e dados numéricos, ger. utilizada em jornalismo como complemento ou síntese ilustrativa de uma notícia; infografia.

(*Dicionário eletrônico Houaiss da língua portuguesa 1.0.*)

Podemos afirmar que os mapas são infográficos? Justifique sua resposta.

____

____

____

7. Para produzir os esquemas, os autores geralmente transformaram artigos científicos, com dados numéricos e desenvolvimento dos temas, em parágrafos, em frases curtas ou apenas em algumas palavras-chave. Observe a seção "Informação e conhecimento" do painel 3:

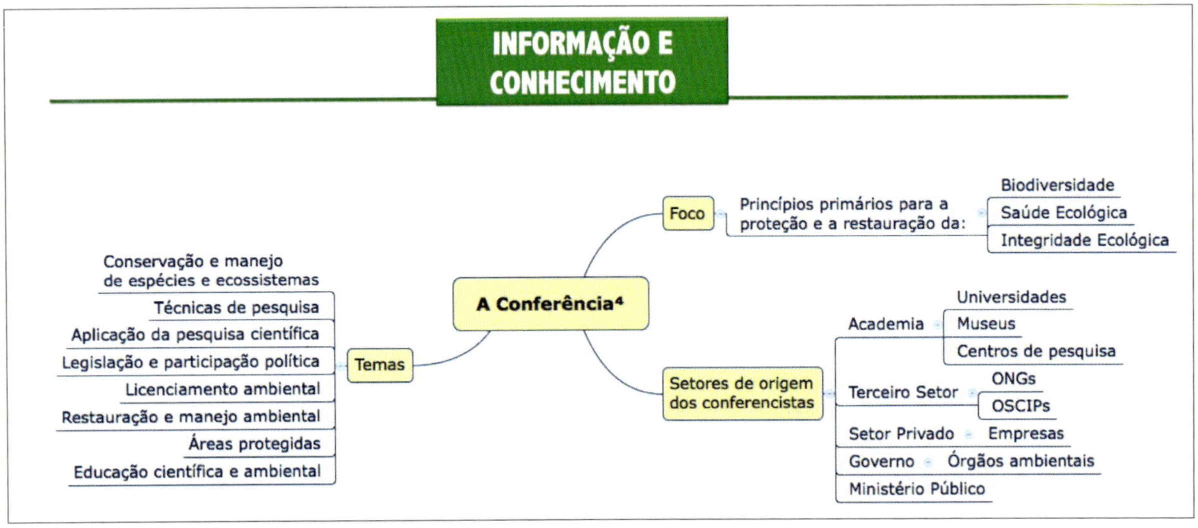

Reprodução/<http://www.biologiadaconservacao.com.br>

A seguir estão listadas ações necessárias para a criação de um esquema como esse. Troque ideias com os colegas e o professor e numere-as, seguindo a ordem na qual elas devem ser realizadas.

( ) Estabelecimento das relações entre conceitos importantes para a definição e exploração do tema central.

( ) Demarcação do tema central, a ser definido e explorado na seção.

( ) Estudo e escolha das palavras-chave ou frases importantes para o objetivo da seção.

( ) Organização do esquema, estabelecendo as relações primárias, secundárias e terciárias entre termos e conceitos.

( ) Escolha de uma apresentação visual interessante ao leitor, com seleção de tamanhos de letras, símbolos e cores para os diferentes níveis do esquema.

8. Qual é a última seção do painel 3? Levante hipóteses: Por que ela é importante no gênero painel apresentado em eventos científicos?

____

____

____

____

____

9. Reúna-se com seus colegas de grupo e, juntos, concluam: Quais são as características básicas do painel? Respondam, levando em conta os seguintes critérios.

- finalidade do gênero:

- perfil dos interlocutores:

- suporte/veículo:

- tema:

- estrutura:

- linguagem:

Agora é a sua vez

Para compor a feira contra o desperdício, a ser realizada pela turma no capítulo **Oficina de Criação**, produzam painéis sobre os temas pesquisados por vocês durante toda a unidade ou outros relacionados ao desperdício e ao consumo consciente.

Escolham, entre os temas estudados, aquele que mais chamou a atenção de vocês. Com a orientação do professor, decidam se produzirão os painéis individualmente ou em grupos.

Antes, leiam, abaixo, as dicas dadas pelo *blog Sobrevivendo na Ciência* para fazer painéis de qualidade e que chamem a atenção do público.

Fazendo ótimas ilustrações: ilustre seu trabalho com figuras realmente bonitas, de preferência coloridas, como fotos de alta qualidade (alta resolução, boa nitidez e bom enquadramento) e gráficos bem-feitos. É preciso que uma figura central no pôster fisgue os visitantes à distância [...].

Criando um título instigante: crie um título conciso, informativo e chamativo, como uma boa manchete de jornal. Use palavras que chamem a atenção e que despertem curiosidade. Prefira os termos que estão na moda na sua área de pesquisa. Use fontes grandes no título e um fundo diferente do resto do pôster, a fim de dar maior ênfase à sua manchete. O título é a segunda isca, quase tão importante quanto as figuras centrais.

Usando as cores de forma inteligente: use um esquema de cores que seja ao mesmo tempo atraente, mas que não canse o leitor. Use cores mais quentes nas bordas e cores mais frias para contrastar com o texto. Use as cores também para se comunicar: cores similares para coisas similares. Por exemplo, se estudou três espécies, use uma cor para cada uma, repetindo essa cor em gráficos e textos.

(Disponível em: https://marcoarmello.wordpress.com/2012/03/13/poster/. Acesso em: 2/4/2019.)

Planejamento do texto

- Retomem as pesquisas realizadas por vocês e decidam qual enfoque será dado à produção dos painéis: não é possível colocar tudo sobre um tema em um painel.
- Planejem quais serão as seções do painel, da introdução até as referências. Façam um rascunho do painel em tamanho menor.
- Resumam as informações pesquisadas, selecionando as mais relevantes ao enfoque escolhido e aquelas que podem ser sintetizadas em esquemas e infográficos.
- Produzam ou reproduzam (dando a fonte) gráficos, infográficos, tabelas, mapas e esquemas.
- Decidam em que formato e em que material o painel será produzido: em cartolinas, *banners* a serem reutilizados e papel *kraft* ou montados diretamente na parede do local da feira.
- Organizem o conteúdo de cada uma das seções do painel, preocupando-se com a sequência, o encadeamento e a continuidade de ideias a serem apresentadas.
- Planejem o tamanho da letra e das imagens utilizadas em cada seção, pensando na visualização do público durante a feira.
- Deem um título, escrevam o nome dos autores e o nome do evento na parte superior do painel. Também é possível registrar o nome do colégio e colocar o emblema da instituição.

Revisão e reescrita

Antes de passar a limpo e expor o painel na feira, releiam-no, observando:

- se ele apresenta título, nome dos autores, instituição dos autores e nome do evento em que será apresentado;

- se as seções em que o painel está dividido apresentam continuidade e progressão entre elas;
- se a maior parte do conteúdo é apresentada por meio de gráficos, tabelas, esquemas, infográficos, mapas e imagens diversas;
- se há, no final, as referências bibliográficas consultadas na pesquisa;
- se o painel apoia suficientemente a fala dos expositores.

Para escrever com técnica

O resumo

No 7º ano, você já teve algumas noções de como fazer um resumo. Neste capítulo, vamos retomar e aprofundar a técnica de sumarização, que é essencial para a produção de um resumo. Leia o texto que segue.

"Precisamos falar de consumo consciente"

As exigências da prefeitura para os grandes geradores de lixo levantaram outra discussão importante para a cidade: a produção desenfreada de lixo.

A cobrança em torno dos grandes geradores de lixo levantou a necessidade de outra discussão importante em Campo Grande: a produção desenfreada de lixo e o descaso com que temos tratado esse assunto. Recentemente, Mato Grosso do Sul foi considerado o estado mais arborizado do País. Somos conhecidos pelas belezas naturais e, embora não esteja entre os principais pontos turísticos do Estado, a Capital também é caracterizada por seus belos parques e arborização. Mesmo assim, estamos longe de nos tornar uma capital sustentável no que se refere a resíduos sólidos. Pelo contrário. Apesar de sermos um dos poucos municípios brasileiros que têm a coleta seletiva implantada, ela está muito aquém do seu propósito.

Em Campo Grande, são produzidas diariamente 900 toneladas de lixo. Deste total, estima-se que só 2% é destinado à reciclagem. Ou seja, das 24 mil toneladas de lixo produzidas mensalmente na Capital, só 500 toneladas são, de fato, encaminhadas para reciclagem. O restante vai parar em aterros. Este número chega a ser inferior ao do restante do Brasil, que estima reciclar o insignificante índice de 3%.

Para comparar o quão irrisório é este número, o sistema de reciclagem da Suécia atingiu 99% de todo o lixo, funcionando tão bem que, por anos, o país teve de comprar lixo de seus vizinhos para manter suas plantas funcionando. Essa diferença gritante é consequência da falta de conscientização da população, mas, principalmente, de investimento na área. Até hoje, por exemplo, o serviço de coleta seletiva — previsto no Plano Nacional dos Resíduos Sólidos, do governo federal, de 2010 — não chegou a todos os bairros de Campo Grande. O fato é que, de forma geral, nós consumimos como um país de primeiro mundo, mas, na hora de gerir seu lixo, ficamos em pé de igualdade com países de terceiro mundo. Em relação à destinação correta do lixo, o Brasil está perto da Nigéria.

Alberto Rocha/Folhapress

E não é só uma questão ambiental ou preocupação com as futuras gerações, embora já valessem todos os esforços do planeta. Trata-se de recursos perdidos.

O motivo que gerou mais questionamentos por parte dos grandes geradores de lixo para implantar a coleta própria de resíduos pode ser, na verdade, a sua redenção. Reciclar pode dar lucro. Estudos apontam que o Brasil deixou de ganhar cerca de R$ 5,7 bilhões por não reciclar as 10,5 milhões de toneladas de plástico geradas no País.

O que hoje é visto como um problema pode gerar um lucro no futuro, mas a discussão em torno do lixo se estende a todos. Não é preciso uma lei para reduzir o uso de canudos e das sacolas plásticas ou, principalmente, separar o lixo orgânico do reciclável e levar aos pontos de coleta. Ou então, já que a empresa responsável não faz esse serviço, por que não montar uma microempresa e coletar o lixo reciclável no seu bairro e ganhar dinheiro com isso? Já estamos muito atrasados no que se refere ao consumo consciente. Com uma mudança de hábito agora, quem sabe teremos um futuro.

(*Correio do Estado*, 15/1/2019. Disponível em: https://www.correiodoestado.com.br/opiniao/confira-o-editorial-desta-terca-feira-precisamos-falar-de-consumo/345202/. Acesso em: 30/3/2019.)

1. Para fazer um bom resumo, é necessário ler o texto de base pelo menos duas vezes, a fim de captar as ideias principais. Portanto, leia novamente o texto e responda:

a) Qual é o tema central do texto?

____

____

b) Qual é o foco principal da abordagem sobre o tema: é o contexto específico de Campo Grande, o contexto nacional ou o contexto internacional?

____

c) Que fato motivou a discussão desenvolvida no texto?

____

____

2. De acordo com o texto, Campo Grande destaca-se entre as cidades brasileiras por suas belezas naturais, parques e arborização. Essa marca ambiental, entretanto, não se verifica em relação ao lixo.

a) Como a cidade lida com a produção de lixo?

____

b) Como suas práticas em relação a lixo se posicionam quando comparadas à média nacional de reciclagem e à média de países de Primeiro Mundo?

____

____

____

____

3. Além do problema ambiental causado por aterros sanitários, que compromete as gerações futuras, o texto alerta para o fato de que a falta de cuidado com o lixo representa um importante desperdício. Qual é?

4. Na conclusão, o texto apresenta uma proposta, que já está anunciada no título. Qual é ela?

Ao responder às questões, você deve ter percebido que elas procuram captar as ideias principais do texto e organizá-las na sequência em que aparecem. Esse é o primeiro passo da técnica de **sumarização**.

Ao sumarizar um texto, é preciso identificar as informações mais importantes dele, agrupá-las em blocos e eliminar as secundárias, que apenas desenvolvem ou exemplificam as informações primárias.

Resumir não é apenas uma operação de recortar e colar trechos do texto original. É preciso que o autor do resumo tenha claro o que pretende preservar e eliminar do texto de base de acordo com sua leitura, sua compreensão e seus objetivos com o resumo a ser produzido. Além disso, ao resumir, deve escrever outro texto com suas próprias palavras, em vez de remontar as frases originais.

Portanto, a produção de um resumo é sempre a produção de um novo texto e, mesmo que duas pessoas façam resumos de um único texto, os textos certamente serão diferentes, em virtude da leitura que cada um dos autores fez do texto original.

Veja, a seguir, como é feita a técnica da sumarização.

wavebreakmedia/Shutterstock

"Precisamos falar de consumo consciente"

As exigências da prefeitura para os grandes geradores de lixo levantaram outra discussão importante para a cidade: a produção desenfreada de lixo.

A cobrança em torno dos grandes geradores de lixo levantou a necessidade de outra discussão importante em Campo Grande: a produção desenfreada de lixo e o descaso com que temos tratado esse assunto. Recentemente, Mato Grosso do Sul foi considerado o estado mais arborizado do País. Somos conhecidos pelas belezas naturais e, embora não esteja entre os principais pontos turísticos do Estado, a Capital também é caracterizada por seus belos parques e arborização. Mesmo assim, estamos longe de nos tornar uma capital sustentável no que se refere a resíduos sólidos. Pelo contrário. Apesar de sermos um dos poucos municípios brasileiros que têm a coleta seletiva implantada, ela está muito aquém do seu propósito.

Em Campo Grande, são produzidas diariamente 900 toneladas de lixo. Deste total, estima-se que só 2% é destinado à reciclagem. Ou seja, das 24 mil toneladas de lixo produzidas mensalmente na Capital, só 500 toneladas são, de fato, encaminhadas para reciclagem. O restante vai parar em aterros. Este número chega a ser inferior ao do restante do Brasil, que estima reciclar o insignificante índice de 3%.

Para comparar o quão irrisório é este número, o sistema de reciclagem da Suécia atingiu 99% de todo o lixo, funcionando tão bem que, por anos, o país teve de comprar lixo de seus vizinhos para manter suas plantas funcionando. Essa diferença gritante é consequência da falta de conscientização da população, mas, principalmente, de investimento na área. Até hoje, por exemplo, o serviço de coleta seletiva — previsto no Plano Nacional dos Resíduos Sólidos, do governo federal, de 2010 — não chegou a todos os bairros de Campo Grande. O fato é que, de forma geral, nós consumimos como um país de primeiro mundo, mas, na hora de gerir seu lixo, ficamos em pé de igualdade com países de terceiro mundo. Em relação à destinação correta do lixo, o Brasil está perto da Nigéria.

E não é só uma questão ambiental ou preocupação com as futuras gerações, embora já valessem todos os esforços do planeta. Trata-se de recursos perdidos.

O motivo que gerou mais questionamentos por parte dos grandes geradores de lixo para implantar a coleta própria de resíduos pode ser, na verdade, a sua redenção. Reciclar pode dar lucro. Estudos apontam que o Brasil deixou de ganhar cerca de R$ 5,7 bilhões por não reciclar as 10,5 milhões de toneladas de plástico geradas no País.

O que hoje é visto como um problema pode gerar um lucro no futuro, mas a discussão em torno do lixo se estende a todos. Não é preciso uma lei para reduzir o uso de canudos e das sacolas plásticas ou, principalmente, separar o lixo orgânico do reciclável e levar aos pontos de coleta. Ou então, já que a empresa responsável não faz esse serviço, por que não montar uma microempresa e coletar o lixo reciclável no seu bairro e ganhar dinheiro com isso? Já estamos muito atrasados no que se refere ao consumo consciente. Com uma mudança de hábito agora, quem sabe teremos um futuro.

Resumo

"Precisamos falar de consumo consciente"

As exigências que a prefeitura de Campo Grande vem fazendo às empresas que produzem lixo de grande porte acabaram por abrir uma discussão paralela: a produção desenfreada de lixo na cidade e o descaso com que todos temos tratado o assunto.

Embora nossa cidade seja um dos poucos municípios brasileiros com coleta seletiva, a produção de lixo chega a 900 toneladas por dia, das quais apenas 2% são destinados à reciclagem; portanto, menor do que a média nacional de 3% e muito menor do que o índice na Suécia, de 99%. Nossa cidade consome como países de Primeiro Mundo, mas recicla como país de Terceiro Mundo. A explicação para essa disparidade alarmante é a falta de conscientização da população e de investimentos na área.

Além de esse ser um problema que compromete o meio ambiente e o futuro das próximas gerações, representa uma perda enorme de recursos. Estudos demonstram que o Brasil perde cerca de R$ 5,7 bilhões por não reciclar as 10,5 toneladas de plástico geradas no país todos os anos.

Assim, o que hoje é visto como um problema para as pessoas e para as empresas pode ser fonte de riqueza para todos no futuro. Tudo depende de nós e de nossos hábitos. Com a perspectiva de um consumo consciente, quem sabe teremos um futuro melhor.

Exercícios

Desenvolva uma das propostas de resumo a seguir. O resumo feito por você vai compor um mural a ser exibido na feira **Todos contra o desperdício e a favor do nosso planeta** na **Oficina de Criação**.

1. Leia o texto a seguir e faça um resumo dele.

Modismo ambiental: um bem necessário

Gustavo Brígido de Alvarenga Pedras *

Antonio Caminhas Fasciani Júnior **

Aquecimento Global, Protocolo de Kyoto, Desenvolvimento Sustentável. Nunca se falou tanto sobre meio ambiente. Vivemos hoje o que pode ser intitulado de "modismo ambiental". Num passado bem recente, os bens ambientais eram tratados como empecilhos ao desenvolvimento. Apesar de que, para muitos, ainda o são. Quem não se lembra de algumas marcas cujo slogan continha o desenho de uma chaminé industrial lançando fumaça na atmosfera? Era esse o conceito de progresso trazido à época. Hoje em dia expressões que trazem consigo palavras como poluição, degradação, desmatamento, dentre outras, são *demodês*, estão fora de moda. Será que estamos evoluindo no que diz respeito às questões ambientais?

Ainda é cedo para se falar em efetiva consciência ecológica e sustentabilidade ambiental. Apesar de grande parte da sociedade não estar minimamente conscientizada nesse aspecto, já evoluímos bastante, pelo menos no campo teórico. Por outro lado, ainda circulam por aí muitos "bregas" do ponto de vista ecológico que ainda insistem em crer que desenvolvimento e meio ambiente não podem caminhar em perfeita consonância de valores.

Não há como negar: somos movidos pela economia, e justamente por isso, vantagens são oferecidas às empresas que se adequam às regras ambientais, visto que o custo de seu produto será majorado. Esse procedimento já é adotado no Brasil, mas infelizmente os consumidores ainda não adquiriram maturidade para dar preferência a um produto que respeite nosso ecossistema, identificado através de um selo verde. [...]

[...]

Quando se age na vanguarda em consonância com os valores ambientais haverá uma contrapartida, como a facilidade para obtenção de financiamentos e exportação de produtos, além da valoração da imagem internacional do país.

Posições radicais não convencem, sendo necessária uma gradativa adequação às atuais necessidades, para que se atenda à atual e à futura geração.

Ainda que o modismo seja considerado um fenômeno passageiro, esperemos que este evolua e perdure por gerações e gerações. E inegavelmente uma solução para que esta moda pegue, seria pôr em prática um clichê muito utilizado pelo Senador Cristovam Buarque: "Educação, educação, educação".

[...]

*Advogado, Professor e Diretor do IAMG — Instituto dos Advogados de Minas Gerais

**Advogado Ambientalista. Pós-graduando em Direito Ambiental pelo CAD/Universidade Gama Filho/RJ

(Disponível em: https://www.migalhas.com.br/dePeso/16,MI49835,61044-Modismo+Ambiental+um+bem+necessario. Acesso em: 2/4/2019.)

2. Ouça pelo menos duas vezes o *podcast* "O consumo e a normalização", que o jornalista Diego Henrique de Carvalho postou no *site* do jornal *O Estado de S. Paulo* (https://brasil.estadao.com.br/blogs/estadao-podcasts/editorial-o-consumo-e-a-normalizacao/). Enquanto ouve o texto, anote as ideias principais. Depois, com base nelas, faça seu resumo.

Oficina de Criação

Projeto ▸ Todos contra o desperdício e a favor do nosso planeta

Produza, com a classe, uma **Feira contra o desperdício**. A programação da feira será variada, com debates, apresentações orais, exposição de painéis e o lançamento das cartilhas educativas feitas por vocês durante a unidade. A feira deve envolver toda a escola. Convidem as outras turmas, pais, professores e funcionários. Vocês também poderão convidar professores e outros alunos para a realização de novos debates ou palestras.

Deem à feira o título **Todos contra o desperdício e a favor do nosso planeta**, ou outro, escolhido pela classe.

Expondo as dicas, os resumos e os painéis

- Reúnam as dicas escritas pela turma.
- Montem cartazes com as dicas para serem expostas durante a feira.
- Planejem uma apresentação chamativa para os cartazes, com título em destaque, diferentes cores, tamanhos de letra e imagens.
- Agrupem os painéis produzidos no capítulo 3 e escolham os locais em que serão afixados durante a feira.
- Reúnam e organizem os resumos produzidos no capítulo 3 em um painel ou mural à parte e exponham-no juntamente com os demais painéis.

Hadrian/Shutterstock

Organizando a reprodução dos debates

- Organizem as sessões de reprodução das gravações dos debates deliberativos realizados pela turma.
- Divulguem horários e organizem o espaço para a reprodução com telão ou televisão e Datashow durante a feira. Outra opção é compartilhar as gravações pela Internet.
- Após a reprodução dos debates, abram espaço para perguntas e comentários do público para que as questões sejam mais debatidas pela comunidade escolar e novas deliberações sejam realizadas.
- Vocês podem organizar novos debates, com outros enfoques sobre o tema do desperdício, com a participação de outras turmas e outros professores.
- Além dos debates, vocês podem organizar palestras com professores e outros especialistas no tema do consumo consciente.

Hadrian/Shutterstock

Colocando em prática as deliberações

- No debate realizado na classe, vocês chegaram a uma lista de deliberações. Reavaliem-nas e vejam quais podem ser postas em prática na própria feira.
- Dividam entre os colegas da turma as ações a serem postas em prática: cada grupo de alunos pode ficar responsável por uma ação.

Realização das apresentações orais

- Preparem um cronograma para a realização das apresentações orais.
- Montem uma programação com horário e título das apresentações e seus autores e divulguem-na antes e durante a realização da feira, para que os convidados possam se orientar.
- O professor poderá ser o moderador: ele vai apresentar os grupos, controlar o tempo de fala e o tempo para perguntas.

Monkey Business Images/Shutterstock

Lançamento das cartilhas educativas

- Organizem um local de destaque para as cartilhas educativas, montando uma mesa na qual elas possam ficar expostas.
- Escolham um horário para o lançamento e convidem os participantes da feira.

Thais Circelli/Arquivo da editora

BIBLIOGRAFIA

ANTUNES, Irandé. Avaliação da produção textual no ensino médio. In: BUNZEN, C.; MENDONÇA, M. *Português no ensino médio e formação do professor*. São Paulo: Parábola Editorial, 2006.

ARAÚJO, Júlio César (Org.). *Internet e ensino*: novos gêneros, outros desafios. Rio de Janeiro: Lucerna, 2007.

BAGNO, M. *Sete erros aos quatro ventos*: a variação linguística no ensino de português. São Paulo: Parábola Editorial, 2013.

BAKHTIN, Mikhail. Os gêneros do discurso. In: _______. *Estética da criação verbal*. São Paulo: Martins Fontes, 1997.

_______. *Marxismo e filosofia da linguagem*. São Paulo: Hucitec, 1979.

BARBOSA, Jaqueline Peixoto. Outras mídias e linguagens na escola. In: *Materiais didáticos*: escolha e uso. Boletim 14, agosto de 2005. TV Escola — Salto para o Futuro, MEC. Disponível em: http://tvbrasil.org.br/fotos/salto/ series/151007MateriaisDidaticos.pdf.

BRASIL. Ministério da Educação. Secretaria de Educação Básica. União Nacional dos Dirigentes Municipais da Educação. Conselho Nacional de Secretarias de Educação. *Base Nacional Comum Curricular*. Versão final. Dezembro de 2018. Disponível em: http://basenacionalcomum.mec.gov.br/images/BNCC_EI_EF_110518_versaofinal_site.pdf.

BUZATO, Marcelo. *Letramentos digitais e formação dos professores*. Disponível em: www.educared.org/educa/img_ conteudo/marcelobuzato.pdf.

COSCARELLI, Carla V. (Org.). *Tecnologias para aprender*. São Paulo: Parábola, 2016.

_______; RIBEIRO, Ana E. *Letramento digital*: aspectos sociais e possibilidades pedagógicas. Belo Horizonte: Ceale/Autêntica, 2011.

DIONÍSIO, Ângela P.; MACHADO, Anna R.; BEZERRA, Maria A. *Gêneros textuais & ensino*. Rio de Janeiro: Lucerna, 2002.

FARIA, Maria Alice de Oliveira. *O jornal na sala de aula*. São Paulo: Contexto, 1989.

FREITAS, Maria Teresa. Letramento digital e formação de professores. In: *Educação em Revista*. Belo Horizonte, v. 26, n. 3, p. 335-352, dez. 2010. Disponível em: www.scielo.br/pdf/edur/v26n3/v26n3a17.pdf.

HARRYS, Ray; HARRYS, Chris. *Faça seu próprio jornal*. Campinas: Papirus, 1993.

HERR, Nicole. *100 fichas práticas para explorar o jornal na sala de aula*. Belo Horizonte: Dimensão, 1997.

ILARI, Rodolfo; BASSO, Renato. *O português da gente*: a língua que estudamos, a língua que falamos. 2. ed. São Paulo: Contexto, 2009.

KLEIMAN, A. Modelos de letramento e as práticas de alfabetização na escola. In: _______ (Org.). *Os significados do letramento*: uma nova perspectiva sobre a prática social da escrita. Campinas: Mercado de Letras, 1995. p. 15-16.

MARCUSCHI, Luiz Antônio. *Produção textual, análise de gêneros e compreensão*. São Paulo: Parábola, 2008.

_______; XAVIER, Antônio Carlos. *Hipertexto e gêneros digitais*. Rio de Janeiro: Lucerna, 2004.

MORAN, José Manuel. *Mudar a forma de ensinar e de aprender com tecnologias*. Disponível em: www.eca.usp.br/prof/moran/uber.htm.

RABAÇA, C. A.; BARBOSA, G. *Dicionário de comunicação*. São Paulo: Ática, 1987.

ROJO, Roxane (Org.). *Escol@ conectada*: os multiletramentos e as TICs. São Paulo: Parábola, 2013.

_______; MOURA, Eduardo. *Multiletramento na escola*. São Paulo: Parábola, 2012.

SCHNEUWLY, Bernard; DOLZ, Joaquim. *Gêneros orais e escritos na escola*. Trad. de Roxane Rojo e Glaís Cordeiro. Campinas-SP: Mercado de Letras, 2004.

TORNIGHI, Alberto. O que é cultura digital. In: *Cultura digital e escola*. Boletim 10, agosto de 2010. TV Escola — Salto para o Futuro, MEC. Disponível em: http://tvbrasil.org.br/fotos/salto/series/13431810 Culturadigitaleescola.pdf.

ZANCHETTA Jr., Juvenal. *Para ler e fazer o jornal na sala de aula*. São Paulo: Contexto, 2002.